励志读物 名人传记

霍 金传

与万物对话的传奇科学家和宇宙学家

成长关键词 顽强、乐观、智慧

郑 虹◎编著

成都地图出版社

图书在版编目（CIP）数据

霍金传 / 郑虹编著. -- 成都：成都地图出版社，2018.4（2022.4 重印）
ISBN 978-7-5557-0923-7

Ⅰ. ①霍… Ⅱ. ①郑… Ⅲ. ①霍金(Hawking, Stephen 1942-2018)—传记 Ⅳ. ①K835.616.14

中国版本图书馆CIP数据核字(2018)第090905号

霍金传

HUOJIN ZHUAN

责任编辑：吴朝香
封面设计：吕宜昌

出版发行：成都地图出版社
地　　址：成都市龙泉驿区建设路2号
邮政编码：610100

印　　刷：唐山富达印务有限公司
（如发现印装质量问题，影响阅读，请与印刷厂商联系调换）

开　　本：710mm × 1000mm　1/16
印　　张：8　　**字　　数**：120千字
版　　次：2018年4月第1版
印　　次：2022年4月第4次印刷
书　　号：ISBN 978-7-5557-0923-7

定　　价：39.80元

导读 Introduction

Hawking
霍 金

21 世纪是科学技术快速发展的时期，在这个互联网时代，中国人不仅仅关注比尔·盖茨、乔布斯，还关注一位在英国剑桥大学担任卢卡斯数学教授30年的斯蒂芬·霍金。他的一系列探讨神秘宇宙的书成为畅销书，尤其是《时间简史》，不但是他的成名作，更是他的代表作。这本书成了 20 世纪的标志性著作。

提起霍金，大家一定会想到穿越未来和黑洞，这也是他一直在研究的课题。对于这些问题，不仅研究自然科学的科学家们会有兴趣，有好奇心的读者也有很大的兴趣，梦想着能解开这些科学的奥秘。

霍金在战火之中出生，在一个充满火箭轰炸的环境中长大，年幼的他不懂得战争的危险，也理解不了“幸运”的含义，但正因为这样，霍金才度过了一个无忧无虑的童年。幼年时候的霍金在父母的呵护下长大，但他的小学时代似乎并不愉快。霍金从小是一个喜欢思考的孩子，所以他一向言语不多，而且行动上有些“笨手笨脚”，还有些口吃。他不善于与别人交流，同学也总是嘲笑、疏远他。但是霍金的父母懂得顺其自然要比强力干预好得多，也正是这样开明的教育，使得霍金开始接触他所喜欢的自然，从而更加接近自然中的宇宙。

霍金属于大器晚成，时至中学，才开始从笨小鸭往白天鹅转变。他的睿智令同学们纷纷叹服，他也因此获得了“爱因斯坦”的称号。霍金总能够想出一些很复杂的东西，他改编过很多游戏，并为这些游戏设计新的游戏规则。他设计的规则非常复杂，与他一起的伙伴们通常要花费很长的时间去了解并记住这些规则。规则一多，也就意味着游戏会变复杂，所以一些经由霍金改编的游戏，玩起来都很费时费力，但越是如此，大家玩得就越起劲。

霍金考取了剑桥大学宇宙学的研究生，正式接触他所向往的宇宙世界。后来他又成为凯斯学院的研究员，一些举世震惊的理论便接踵而来。

“黑洞其实并不黑”“黑洞会吞噬一切，包括它自己”“外星人真的存在”“想不想进行一场时间旅行”……

这些理论在科学的基础上存在强烈的科幻性，诚如霍金所说：“宇宙，是一个充满神秘色彩的空间，这也值得我们一起去探寻研究。”

霍金是一位科学家、物理学家、数学家，当然，此外还有很多代表身份的称呼，可以称他为特定领域的专家学者。但霍金还有另外一些身份——演员、歌手、广告明星，有人称赞霍金是影视歌三栖明星，身残志坚的他活出了不一样的人生。

中国有句古话说得好，一个人要成功，必须具备三个条件：天时、地利、人和，缺一不可。霍金的成功既有自身的努力，也有天赋，还有他身边一直关心他、支持他的家人、朋友和学生。

亲爱的读者们，如果大家想了解一个真实的霍金，那么，就请打开本书，随我一起走进霍金的世界，获得心灵的启迪。

目录 Contents

第一章

儿童时期

第二章

求知若渴的大学时光

第三章

末路婚姻

第四章
在宇宙中翱翔

第五章
真实的霍金

第六章
预言和外星探索

◁ 第一章 ▷

Hawking

儿童时期

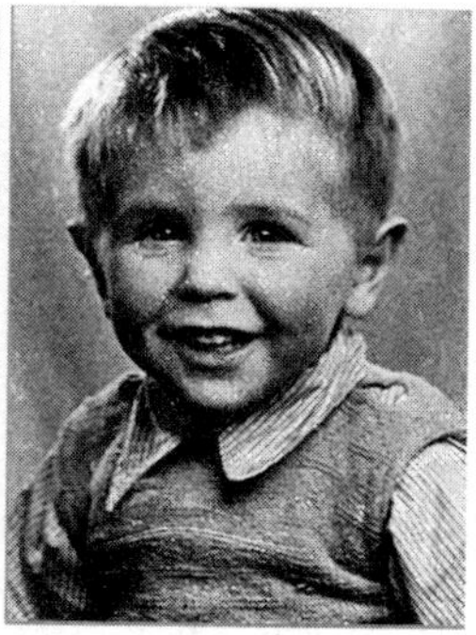

当你面临着夭折的可能性，你就会意识到，生命是宝贵的，你有大量的事情要做。

——[英]霍　金

▶ 在战争中诞生的婴儿

1942 年 1 月 8 日，一个婴儿的啼哭声从英国牛津的医院中传来，斯蒂芬·威廉·霍金出生了。霍金的父亲弗兰克和母亲伊莎贝尔迎来了他们的第一个孩子，夫妻两人沉浸在幸福之中。

面对这样的乱世，弗兰克和伊莎贝尔希望他们的孩子能够安安稳稳地来到世上，所以，在离霍金出生还有一周的时候，伊莎贝尔就离开了伦敦，前往牛津待产。当时德国为了保护哥廷根和海德堡免受战争践踏，曾与英国签订盟约，不会轰炸英国的牛津和剑桥——两国都想要保护各自的文化古镇。因此，对于英国人来说，牛津和剑桥就成了战争中的避难所。

伊莎贝尔只身一人来到举目无亲的牛津，霍金平安地在一个漫天战火却相安无事的城市降生了。初为人父母，大多数人一定会为了保护好自己的孩子，选择待在牛津以规避战火，起码等孩子稍大一些再离开。但在霍金出生后的第十四天，弗兰克和伊莎贝尔夫妇就回到了海格特这个靠着伦敦，遍地都是废墟，甚至满天都在落着火箭的地方。

伊莎贝尔曾经回忆那时的情况：

美丽的牛津

“我们很幸运，实在非常幸运——我指的是我们一家，包括斯蒂芬和每一个人，我们一家人都饱受灾难，但重要的是我们都活了下来，但是有些人却被战火吞噬。飞行中的炸弹非常恐怖，一开始，它们会在空中轰轰作响，然后就是死一般的沉寂，这时候你就可以计算离它落下来还有多长时间……如果你听到了爆炸声，就可以意识到炸弹并没有在你身旁炸开，你可以安然无恙地回家吃饭或者做点别的什么。”

他们在这样的境地下回来，其实也是迫不得已。一方面，弗兰克和伊莎贝尔还有在伦敦的工作，战火四起，前线伤员不断，医药科研所的工作更是异常紧迫；另一方面，医院的高额住院费用也容不得这个中产阶级的家庭太乐观。

霍金的家是坐落在海格特的一处维多利亚风格的房子，置办于战争期间，因为距离伦敦很近，随时都有被轰炸的危险，所以价格很便宜。

1944 年，霍金 2 岁，伊莎贝尔带着他和妹妹玛丽去拜访霍金的姑妈，弗兰克留在了家中。在中午的时候，一枚 V-2 火箭落在了他们隔壁的几间房子上，幸好霍金家的房子没有受太大损伤，弗兰克也没有受伤。两岁的霍金回到家，却看到原本熟悉的场景都化为了一片废墟，路边也炸出了一个大坑。

伊莎贝尔经常对霍金说：“孩子，你是一个幸运的人，从出生之前就是。”

霍金看着母亲脸上的笑容，也只是咯咯地笑了。伊莎贝尔看着怀里开心欢笑的霍金，想到自他出生以来所经历的战乱，想到附近那一片片废墟，对于霍金来说，现在的温馨时光又岂止是“幸运”二字可以言说？那时的霍金还不懂得战争所带来的痛苦和愁绪，作为孩子的他却在那个被炸弹炸出的大坑中找到了乐趣——那里成了他玩耍的乐园。霍金有一位名叫霍华德的好朋友，霍华德是霍金的邻居，两个小伙伴常常在那个大弹坑里爬上爬下。

作为知识分子父亲的弗兰克，他希望自己的儿女都能有美好的前程，所以为霍金安排进入私立学校学习。拜伦宫当时是身在海格特的学术界人士的住处，在当时有着非常优越的条件，而且专门招收知识分子的孩子。霍金生在知识分子之家，因此被送到了拜伦宫。而霍华德就没那么幸运了，他的父母是普通人，他只能在郡立学校上学。但幸运的是，霍华德和霍金有了不一样的经历，他把自己的经历分享给霍金，倒是为霍金开拓了一片新的天地。霍华德所通晓的足球和拳击在霍金眼里是一些新奇的运动，尽管霍金的父母对这些运动并不喜欢。

霍金 5 岁的时候，他又多了一个妹妹，这个妹妹名叫菲利帕。霍金很喜欢这个小妹妹，在菲利帕还没有出生的时候，霍金就开始期待了，要是能多一个人一起玩耍，应该会有趣得多了！这时候，霍金已经可以像大哥哥一样照顾两个妹妹了。

弗兰克和伊莎贝尔夫妇很注重孩子的文化气息修养。一般的父母总是会选择周末或是节假日带孩子去游乐场或电影院这样的娱乐场合，但霍金的父母却常常带他们去博物馆，这也是令霍金非常高兴的事。父母懂得培养孩子们各自的爱好，他们先是把霍金带到科学博物馆，让他带着好奇心四处参观；然后把玛丽带到历史博物馆，玛丽对历史有着浓厚的兴趣，她出生的时候，霍金一家还处在第二次世界大战之后的动荡危机中，年幼的她虽然不太明白战争的残酷和后果，但她喜欢去了解那些过去的事情；而最后，弗兰克和伊莎贝尔夫妇则会陪着小女儿菲利帕参观艺术博物馆，菲利帕热衷于艺术博物馆中的陈列，这一点令他们很是欣慰。三个孩子各有所好，弗兰克和伊莎贝尔根据他们的喜好因势利导，用这样潜移默化的方式培养着他们的文化气息。

父母是孩子的第一任老师，也是对孩子影响最大的人生导师。从小生活在这种知识分子的家庭里，霍金所接触到的、所被灌输的思想都有着非同寻常的文化深度和意义。这也注定这个孩子自童年起，就与同龄孩子有着许多特殊的区别。

▶ 小学时期的霍金

霍金 5 岁时，父母把他送进了小学，但父母在他 2 岁半时考虑到的“社交”问题，似乎真的出现了——霍金没有朋友，他甚至无法融入人群当中。

霍金说话有点结巴，往往不能够准确地表达出自己想要表达的意思，这令他的伙伴们很苦恼，时间一长，也就没人愿意和他交流了。对于一个 5 岁的孩子来说，孤独很容易影响性格的发展，朋友的陪伴其实很重

要，霍金在心底还是渴望和同学们一起交流的。

学校将要举行运动会了，老师鼓励同学们踊跃参加跑步项目。霍金很想参加，但他知道自己跑得不快，所以对于到底要不要参加，他始终在犹豫。这时候，老师开始鼓励大家："同学们，运动会的精神是重在参与，希望大家踊跃报名。"

听到老师的鼓励，同学们兴致大增，都开始踊跃报名。霍金被同学们的热情感染了，也非常高兴地报了名。

比赛那天，起跑的枪声一响，所有人都奋力向前跑去。霍金也拼尽了全力，但无论他怎么努力，身体却显得软弱无力，就这样远远落在了后面。霍金看着同学们的背影，虽然有些力不从心，但他没有放弃，而是咬牙坚持到了终点。

但是与他一组的名叫杰克的同学却埋怨起来："斯蒂芬，你是知道自己跑步很慢的，这样还报名，这不是来添乱吗？"大家听后也都跟着嘲笑霍金。

听到这样的埋怨，霍金感到很难过，一方面是愧疚自己影响了团队的成绩；另一方面是自己已经尽力了，却没能得到想要的结果。这样想着，霍金眼圈一红，泪水潸然而落。

老师见状，便走过来把双手搭在霍金的双肩上，对其他的同学说："同学们，你们不应该嘲笑斯蒂芬，知道吗？每个人都是有跑步潜能的，斯蒂芬的潜能只是还没有被激发出来，到时候，斯蒂芬一定跑得非常快。"

同学们听到老师这样说，大都相信了霍金有跑步的潜能，也就不再说什么了。老师低下头看了看霍金，霍金将信将疑地想着老师的话，自己以后真的可以跑得很快吗？而随即发生的一件事，却又一次使霍金幼小的心灵受到了伤害。

这天放学之后，霍金和很多玩伴吃过晚饭，来到社区的小广场上，他们经常在这里玩游戏，每天这个时候，这里总会响起童真的笑声。然而今天，有一位小男孩儿却在这里落下了伤心的眼泪。

事情是这样的：今天大家一起玩"你跑我捉"的游戏时，霍金被分到了被捉的那一组。霍金和其他的小伙伴一样，都非常开心地努力向前跑，可是一不小心摔倒了，霍金也因此被捉住了。

和霍金同组的有位叫安东尼的伙伴，一时着急便责怪霍金道："你总是这么笨手笨脚的，每次跑步都这样！”

“他总是扯大家的后腿，我们不和他玩了！”小伙伴们都埋怨着走开了。

霍金此时已经忘却了身体摔倒时的疼痛，反而是心里感受到了被排斥的委屈，眼泪哗哗地流了出来。

后来，霍金就不再参与伙伴们的游戏，他每天傍晚伏在窗前，看着在广场上玩耍的伙伴们，眼睛里满是羡慕。不仅是在课外活动中，霍金很难融入集体，在课堂上，霍金也遇到了一些难题。

同学们要开始学习书写了，接触到新鲜的事物，每个孩子本来都会兴奋不已，然而霍金却高兴不起来。

“看啊，斯蒂芬写的字就像是一条条蚯蚓。”

“是啊！他写的字真难看。”

一句句嘲讽深深打在了霍金的心上，他像一个做错事的孩子，把头垂得低低的。一颗脆弱的心又受到了伤害，眼泪开始在眼眶中打转。

老师听了喧哗声，赶过来询问怎么回事。淘气的詹姆斯站起来说：“老师，你看看斯蒂芬写的字母吧，真是太难看了！”

老师回过身轻轻拿起了霍金的作业本，看到上面歪歪扭扭的字母，先是皱了皱眉，而后轻轻问道：“斯蒂芬，这些字母你是认真写的吗？”

霍金轻轻点了点头，有点哽咽地回答：“是的，老师。”

老师温和地摸了摸霍金的头：“斯蒂芬，不要灰心，这不算难看，只要你经常练习，一定可以把字母写好的，要相信自己。”

霍金听到老师的话，心里好受些了，而后点了点头。

老师严厉地对其他同学说道：“同学之间应该互相友爱，不能这样嘲笑别人，知道吗？”

教室里安静下来，詹姆斯也是一脸愧疚。到了放学的时候，詹姆斯来到霍金面前：“斯蒂芬，上课的时候，是我不对，你不要放在心上。”

霍金轻轻摇了摇头：“没关系，我写的字母本来就不好看，我只是想像你们一样，写出很好看的字。”

詹姆斯笑着对霍金说：“我相信你，斯蒂芬，你一定可以写得很好的！”

霍金微笑着点点头，非常感激詹姆斯的鼓励。

但是事情好像并没有好转，尽管霍金一直在非常努力地练习，但是

他的书写却一直得不到改善，后来就连老师都有些失去耐心了。

有一次作业收上去之后，老师单独找霍金谈话："斯蒂芬，你有在认真地写字吗？"

霍金被老师这样一问，紧张得连话都说不出来了，只是重重地点了点头。老师则叹了一口气："好了，斯蒂芬，你先回去吧，学习要继续加油。"

霍金有些失落地回到了教室，老师心里想着，斯蒂芬其实是一个很认真的孩子，或许他是不够聪明吧。

不论是课上还是课下，霍金都表现得有些笨拙，所以很少有同学愿意和他玩耍。霍金就像是被孤立在一个角落里，被所有的同学忽视了。

在同学当中，只有詹姆斯对霍金比较友好，但詹姆斯有很多朋友，而那些朋友都不喜欢霍金，詹姆斯还曾经为了霍金和他的那些朋友闹得不愉快。为此霍金很是愧疚，他不想因为自己而让詹姆斯失去朋友，所以他总是尽量不去接近詹姆斯，这样，霍金就真的成为一个孤独者了。

霍金开始越来越不喜欢学校，在学校时也是沉默寡言。每天一放学，他总是以最快的速度登上校车，期盼着尽快回家。

可以说，霍金的小学经历并不愉快，他背负着本不是这个年纪应该有的孤独。但是世界上真正孤独的人毕竟是少数，有时候，孤独还意味着专注。

▶ 痴迷于稀奇古怪的想法

在霍金3岁那年的圣诞节，父亲送给他一辆修补过的发条小火车作为圣诞礼物。也正是因为这辆小火车，霍金展现出了非凡的创造力。

在霍金的童年，他的家庭并不富裕。第二次世界大战期间，英国祸于国难，很多行业都停止了运营，玩具业也在其中，那时候的英国至少不会为国内市场生产玩具。对于孩童时期的霍金来说，玩具正是他梦寐以求的，一些会发出声响、会运动的东西都会引起他的注意。

霍金曾在一些旧报纸上见过火车的图片，每当见到这些图片，他总是兴奋不已。父亲察觉到了霍金对火车的热衷，于是想着自己为儿子造一列木制的火车。有好几天的时间，父亲下班回来就在后院裁锯木材，但忙了好几天之后，他才发现制造火车并没有想象中那么简单。而且霍金也明白，木制货车制造出来，也只是一个“不会动的雕塑”，他想要的是一种可以运动的玩具，于是父亲只能作罢。但父亲没有忘记霍金心中所热衷的，一个偶然的机会，父亲得到了一列二手的发条火车，火车车头和车身的连接处断裂了一半，父亲用烙铁把它修好，作为圣诞礼物送给了霍金。

二战结束了，生活也渐渐恢复平静。霍金的父亲因为工作原因出差去美国。因为当时的英国处在战后百废待兴的阶段，来到美国的弗兰克看到了不同于英国的一番景象，各式商品和玩具堆满货架。当他回到家里的时候，行李当中就堆满了礼物。

送给母亲的礼物是尼龙物品，这在当时的英国是非常罕见的。玛丽得到了一个可爱的布娃娃，她非常开心，整天和布娃娃在一起，就连睡觉也抱着。而霍金的礼物正是他朝思暮想的——一列全新的、拥有八字轨道和排障器的发条火车。霍金激动地打开盒子，对父亲带给自己的礼物爱不释手。

但是玩具也有玩腻的时候，霍金似乎对这种上发条的玩具失去了兴趣，他开始向往拥有一列不用手动上发条的电动火车。

霍金的母亲有时候会带霍金去一个火车模型俱乐部，就在海格特附近，她知道儿子喜欢火车模型。后来霍金就经常自己跑过去，有时候会在那里待上好几个小时，眼睛一眨不眨地盯着正在运动的火车，他想研究别人是怎么设计火车的。

虽然家庭并不怎么富裕，但霍金的父母总会给霍金一些零花钱。霍金没有像其他孩子一样每天都把零花钱花在零食上，而是把这些零花钱一点一点积攒起来，等到有了一定的数量，他就赶去买了一列梦寐以求的电动火车。但霍金总感觉这列电动火车也不是很好，似乎跑得太慢了些。

霍金曾尝试过到商店换一辆新的，但却遭到了“概不退换”的拒绝。但霍金还是不死心，他又抱着火车向维修玩具的商店走去。年幼的他怀抱着半条手臂一样长的火车快步向商店赶去，因为怀里抱着东西，没法

跑起来，脚步一快，身体就摇摇晃晃。好不容易到了维修店，电动火车的小马达坏了，可令霍金没有想到的是，换过马达之后，电动火车仍然运行不好，这让他很失望。

但从此之后，这位小小的少年开始研究飞机、轮船等各种模型，他还能在草纸上设计各种“样品”，甚至也制作过一些简单的模型。他总是会想，将来有一天，我要制造出一个非常棒的火车模型！

霍金同其他的孩子一样，总是有着很多稀奇古怪的想法。童话往往能够达到启蒙的效果，霍金的父母懂得让孩子在自己的思维中接受一些人生的道理，这样学到的知识往往更深刻。所以，每逢圣诞节，母亲总会带几个孩子去看童话剧，这又是霍金所期待的。其中有一次的童话剧对霍金产生了很大的影响，这部童话剧是《阿拉丁》，在最后一幕，灯神变幻出的华丽宫殿瞬间升上了天空。

霍金开始神往那座宫殿，他相信这座宫殿总会再次降临在伦敦的某个地方，并且向母亲表示一定要马上去那座宫殿看一看。小孩子的想法总是很奇特的，母亲伊莎贝尔花了很长的时间才令他打消了念头。

虽然霍金回到了家中，但还是对那座宫殿念念不忘，他甚至能说出一个叫作“德伦”的地名，并且经常对母亲说，那座宫殿就在那里。他要求只身前往，但家人连“德伦”在哪儿都不知道。母亲并没有因此而责怪霍金，因为她知道小孩子的世界总是充满无限可能的，这也是与普通父母所不同的地方。于是母亲温和地劝着霍金，告诉他事情并不是他想的那样。

直到有一天，霍金终于见到了那座他日思夜想的宫殿——汉姆斯达德·希斯的肯伍德宫。母亲在一个偶然的机会带着霍金前去参观，没想到霍金却异常兴奋地说：“这就是我要找的宫殿！”

母亲欣慰地感叹：“我的儿子显然对那座宫殿神往已久，幸运的是，他找到了，我想我应该相信他的任何想法，因为他总是在努力地把想法付诸实践。”

霍金神往的宫殿升入了天空，而他一直相信他可以把天空中的“宫殿”带回地面，让世间所有的人都可以看得见。

名人名言·励志

1. 困厄无疑是个很好的老师，然而这个老师索取的学费很高，学生从他那里所得到的时常还抵不上所缴的学费。

——[法]卢梭

2. 在困厄颠沛的时候，尚能坚定不移。这就是一个真正令人钦佩的人的不凡之处。

——[德]贝多芬

3. 厄运往往能使天才奋发。

——[古罗马]奥维德

4. 烈火试真金，厄运试勇士。

——[古罗马]塞内加

5. 什么都比不上厄运更能磨练人的德性。

——[英]莎士比亚

6. 奇迹多是在厄运中出现的。

——[英]弗朗西斯·培根

7. 我不会自杀。我认为这是一种卑怯行为。战胜厄运才是高尚和勇敢的。

——[法]拿破仑

8. 厄运，是最好的老师。

——[法]巴尔扎克

9. 厄运是一个深不可测的宝藏。

——[法]巴尔扎克

10. 上天完全是为了坚强我们的意志，才在我们的道路上设下重重的障碍。

——[印度]泰戈尔

◁ 第二章 ▷

Hawking

求知若渴的大学时光

在我 21 岁时，我的期望值变成了零。自那以后，一切都变成了额外津贴。

——[英]霍　金

凭借实力获得奖学金

1958 年，霍金在圣奥尔本斯中学的学业只剩一年了，他即将升入大学。对于大学学府的选择，父亲和霍金曾经统一过意见，父子二人都认为要在牛津和剑桥之中做选择。而父亲曾经就读于牛津大学，对它有着深厚的感情，所以，霍金决定报考牛津大学。

父亲曾经和霍金讨论过专业选择的问题，因为家庭环境的影响，霍金从小就对科学研究有着浓厚的兴趣，所以他认为他以后是要做科学研究的。但是他喜欢物理和数学，他希望研究这些方面的科学，父亲则希望他能够子承父业，研究医学。

霍金并不喜欢医学，在他看来，生物学或者医学都太偏重理论，太过严谨死板，不如数学或物理那样有神秘感。可父亲却认为，若是学习数学，学成之后也许只能从事教育行业，没有多大的前途。

父子俩在大学专业的选择上形成了一个严重的分歧，争论到最后，双方决定各让一步——霍金报考牛津大学的大学学院，那是弗兰克的母校，没有数学专业，霍金可以学习化学和物理，数学不作为主要专业。霍金对这样的结果较为满意，他认为物理学是一个神秘的领域，在这里，他可以探索到宇宙的奥秘。

这之后，父亲做了一件事，而这件事差点让霍金失去了进入牛津大学的资格。大学学院物理系的教授是罗伯特·伯曼，父亲以“老学员”的身份带着霍金前来拜访了伯曼教授。或许，父亲是想让伯曼教授对霍金“格外照顾”，使霍金在入学考试中顺利获得奖学金。父亲曾不止一次地对霍金说过，让霍金通过自己的努力获得大学的奖学金，以此来抵消部分学费。但霍金的学习成绩并不是很乐观，牛津大学的大门并不是很好进，所以霍金能否拿到奖学金还是一个未知数。

父亲想通过这样的“关系”来为霍金铺路，然而他没有想到的是，这件“走后门”的事情却令伯曼教授很是反感。在三人会面的过程中，

霍金很是沉默，只是父亲和伯曼教授淡淡谈了一些学术上的事情，霍金并没有给伯曼教授留下过多的印象。

而父亲弗兰克当时在一个名叫“科伦坡计划”的研究组织中工作，由于工作原因需要远赴印度，且为期一年。经过一番考虑，父亲决定带着母亲和妹妹们去印度，而霍金则留在圣奥尔本斯继续完成学业。

在当时，进入牛津大学有两条道路：一条路是在中学六年级的时候就可以报考，如果有足够的能力通过考试，暑假过后，开学的时候便可以直接升入牛津大学；另一条路则是在中学时身在高级班，并且以优异的成绩读完七年级然后再进行升学考试。很多家长为了孩子的未来，一般不会选择再耽误一年，霍金也想尽快进入牛津，于是便同大多数人一样，选择了第一条路。所以霍金不能休学，也就不能跟着父母远去印度。父母把他托付给了值得信赖的朋友约翰·汉弗莱，他的儿子西蒙与霍金还是同学，这样，霍金的父母也就放心地出发了。

约翰·汉弗莱有一所同样的大房子，也有一个很大的家庭，虽说霍金在这里不会孤单，但是面对父母的离开，霍金还是有些失落。约翰·汉弗莱的家人对这个新来的成员充满了好奇心，他们对霍金的印象多半是“言语口吃、动作笨拙”。霍金经常会帮着西蒙的家人做家务，有一次饭后收拾完碗筷，他推着餐车往厨房走去，却在转弯的地方撞到了另一侧的楼梯扶手，导致整个餐车侧翻在地，车上的餐具也都尽数掉落出来，霍金也险些摔倒。整个过程有些滑稽，所有人都忍不住大笑起来，霍金反应过来后也哈哈大笑起来，他的声音总是很洪亮。

约翰·汉弗莱还有一个名叫珍娜的女儿，为了让这几个孩子相处得更加融洽，他买来了一张唱片，并配合着一本学习舞蹈的书，让孩子们学习跳舞。霍金的年纪比西蒙和珍娜要大，所以他也很自觉地担任起了“教导者”的角色。霍金很喜欢跳舞，也有一定的天赋，他也很认真地教西蒙和珍娜。因为严谨，他总是认为跳舞的时候要穿西装打领结，西蒙和珍娜也认为这没有什么不妥，反而感觉霍金在做一件事情的时候总是很认真。

因为学习成绩并不是很好，要想获得奖学金就必须加倍努力，所以在备战高考的那段时间，霍金开始拼命学习。原本和西蒙他们练习得很频繁的跳舞，也由于霍金的学习而被无限推迟了。

牛津大学的科学考试并不简单，虽然只有五门科目，但每一科的考试时间是两个半小时，加起来就是 12 个半小时，所以需要考两天。这两天对霍金来说就是折磨，因为他认为自己考得糟糕透了。

考完之后的等待过程最为煎熬，考试的结果会在考生的中学有所公示，霍金每天都会来到圣奥尔本斯中学，焦急地等待结果。然而整整 10 天过去了，考试结果还是杳无音讯，霍金开始失望了，他认为自己一定没有被录取，所以情绪也一天天低落下来。然而就在他将要放弃的时候，一个牛津大学的面试通知传到了霍金的手中，霍金激动万分，这就说明自己通过了笔试，很有可能会被牛津大学录取。

霍金怀着忐忑的心情去参加了面试，然而在面试过程中，主考官并没有和霍金交谈，而是不断地和其他考生进行交流，这令霍金的感觉很不好。他认为，这次一定没有希望了。

然而霍金似乎得到了命运的眷顾，不久之后，他便接到了牛津大学的录取通知书，并且学校提供奖学金。这似乎是一个天大的好消息，原本目标的实现，使得霍金把整个过程中遭受的所有焦虑、失望和不安一扫而光。其实他不知道的是，伯曼教授因为父亲弗兰克的行为，曾经打算取消霍金获得奖学金的资格，但是霍金这次超常发挥，成绩异常地好，尤其是物理。就连他最没有把握的科目，也达到了百分制 95 分的成绩，所以，可以说奖学金是霍金凭借自己的实力获得的。

▶ 新来的舵手

1959 年 10 月 1 日，霍金正式成为牛津大学的学生。但霍金的大学生活一开始却并不快乐，甚至可以说是孤独中的百无聊赖。

霍金刚刚进入牛津的不适应和面对校园氛围的不愉快，主要来自以下几个方面：

首先，牛津大学作为英国的文化学府，能够进入的学生大部分来自全国各地的著名私立中学，他们在社会背景和家庭出身上似乎都弥漫着一层贵族特色，表现在具体事例上就是牛津大学存在较为明显的阶级性。

霍金虽然出身于知识分子家庭，但是却没有任何社会背景或是资金支持，身边同学的口袋中总有花不完的钱，他们对吃穿住行很是讲究，霍金在他们面前，总是略显“寒酸”。因此，霍金总是感觉自己与他们不是一个世界里的人。他无法融入他们之中，所以，无形之中就把自己孤立了。

其次，霍金当时只有 17 岁，年龄上比周围的同学要小一两岁。由于年龄稍大，他的很多同学都服过兵役，年龄差让他从一开始就与同学们格格不入。

最后，原本就与其他人“隔断”开来的霍金，在学习上也被隔离了——当时在大学学院学习物理的学生加上霍金，只有四个人，其他三人是德里克・波内伊、戈登・贝利和理查德・布莱恩。这个圈子太小，他们很难走进别人的圈子，但也正是这个原因，使得这四位伙伴建立了深厚的友谊，他们一起起居，互相照顾，竟成了校园中一道奇特的风景。

面对这样缺少朋友的孤独和课程松散的百无聊赖，霍金决定要改变现阶段的境况，他想要多结识一些人，多经历一些事，这样才不枉费来到牛津大学。于是霍金在大学二年级的时候找到了一种消遣方式，那是他较为有兴趣的一项运动——赛艇。

牛津大学的赛艇队成立于 1829 年，而经过 100 多年的成长发展，如今已在世界都小有名气，甚至还成为名校之间进行交流的桥梁——牛津大学和剑桥大学每隔一段时间都会在泰晤士河上举行赛艇友谊赛。

两所名校之间的赛艇友谊赛是一个有着 100 多年历史的传统，原本是学校之内各个学院之间的比赛，后来英国著名诗人威廉・华兹华斯突发奇想，以身在牛津读书的侄子查尔斯・华兹华斯的名义给自己在剑桥的学生查尔斯・梅里瓦勒下了一封八人赛艇挑战书，地点是泰晤士河。自此之后，赛艇友谊赛的传统便流传了下来。

赛艇友谊赛是以挑战的形式进行，上一年输了的团队就成为下一年的挑战团队。从开始比赛以来，两所名校一共进行过 100 多场比赛，而剑桥获得冠军的次数略多于牛津。

每年的三四月份，两所名校的赛艇团队就会从泰晤士河逆流而上，全程 4.5 英里，到达摩特雷克镇。牛津大学的团队穿着深蓝色队服，剑桥大学的穿着浅蓝色队服，河岸两旁围观鼓劲的观众则穿着自己所支持的团队的队服。名校相对，关乎荣誉，所以两校都非常重视这项运动，在校内的训练也是较为严格的。

霍金刚刚加入赛艇队的时候，一位名叫戴维·费尔津的队员看到这位个子矮小的人并没有穿他们的队服，却站在了他们中间，便向旁边的队友打听："这个人是谁？"

"斯蒂芬·威廉·霍金，物理系二年级的学生，是我们新来的舵手。"

在赛艇运动中，桨手一般是体格健壮的男子，而舵手则需要一个个子小、体重轻的男生担任，于是霍金和戈登·贝利都被招为了舵手。戴维打量着霍金，而另一个人则说道："听说他很是聪明，但看起来总像个花花公子，你觉得呢？"

戴维之前对霍金没有过任何了解，但也许在校园里见过。就这样，霍金成为赛艇队的一员，并且担任舵手，他有着洪亮的声音，这正是他作为舵手的优势。

2 月份的春季比赛和夏季学期末与剑桥大学的比赛渐渐临近，赛艇队一直在加紧练习，大家虽然非常努力，但是心中却明白自己胜出的概率很小。团队中，只有霍金的热情最为高涨，他坚信他们的团队可以胜出，在练习的时候总是很卖力地指挥，这令队友们很是钦佩，他们的赛艇教练诺曼·狄克斯也总是夸赞霍金："霍金是一个很不错的舵手。"

比赛开始了，第一场由于霍金的失误，他们的团队在刚出发时钩住了缰绳而偏离了规定航线，因此被取消了比赛资格。大家相互鼓励，下一场一定再接再厉。赛艇的比赛河道非常狭窄，这就使得所有比赛的赛艇必须通过互相撞击，来"挤"出一条路，这次霍金所在的团队一鼓作气，撞开了好几艘赛艇，大家奋力划到了终点，但赛艇被撞得有些变形，队员们也都累得精疲力竭。而到了后面的比赛，队员们为了不再那么劳累，竟然想出了一个惊人的办法——故意撞击旁边的赛艇，以求尽快退出。

经过一番激烈的角逐，最终的结果却没能像霍金所坚信的那样，而是剑桥大学胜出了。但是比赛终归是比赛，这一群充满活力的年轻人聚在一起，对他们来说，开心才是最重要的。比赛结束之后，大家便会聚在一起狂欢轻松一下，大多数时候会喝一些麦酒。胜出的团队是在庆祝，而失败的团队则是相互安慰，在整个宴会之上，祝酒词与敬酒仪式不断，到处充满了欢声笑语。

在霍金看来，这就是一个没有任何隔阂、阶级和分隔的大家庭，霍金喜欢这样的氛围，他似乎从百无聊赖中走了出来。在这之后，霍金经常和赛艇队的队员们一起交流，整个人也活泼了不少，开始变得开朗热情。霍金2岁半的时候，父母就想到了以社交活动来塑造他的开朗性格，不想他真正付诸实践却是在17年后的1961年了。

▶ 超前的物理修习

霍金就读牛津大学的那段时间，牛津大学正流行着一股并不正常的风气。作为一所著名的学府，学风应该是积极向上，为其他大学做表率的，但是那时的牛津却弥漫着一股对社会不满而抗拒上进的消极之风，因此学生们普遍不会用功读书，甚至还划分出了等级：第一类是从来不用功读书，但是可以毫不费力地取得优异成绩的学生；第二类是承认自己的成绩很差，然后拿一个最差成绩的学生；第三类却是所有同学都“看不起”的“灰人”——通过用功读书而取得优异成绩的学生。这样的等级似乎有些匪夷所思，但也不过是当时的社会环境使然。

而霍金向来不喜欢学习，而且懒散惯了，甚至还经常逃课，但他却总能轻而易举地获得不错的成绩，于是在同学们眼中，他自然而然地成了第一类学生。

霍金对物理似乎有着独特的天赋，在他看来，在课堂上学习的内容，就像是中学早已学过的一样，他从来不会在课堂之外的时间去学习，有时连课也懒得上。他认为大学时代的物理课程是非常简单的，课也没有必要上，一周之内上一两次辅导，只要记住几个公式就可以通过考试。这不是霍金狂妄自大，他确实也是这么做的，并且真的取得了良好的成绩。

在一次物理课上，伯曼教授曾经给霍金他们四人留了13道有关电磁力学的课后习题，这13道习题的难度是非常大的，所以伯曼教授给了他们一周的时间，让他们尽可能多地解答。伯曼教授还把德里克和理查德分为一组，霍金和戈登分为一组，意在让他们互相商量作答。接下来，德里克和理查德埋头于题海，用了整整一星期才解出一道完整的题目，第二道题目只解出了一半，就解不下去了。而戈登坚持靠自己的能力解答这些题目，结果费尽心力也只解出了一道题。而霍金却没有把这些习题放在眼里，他一向不喜欢做课后作业。

一个星期过去了，戈登他们要去上课了，看到霍金没有出门的意思，便问了一句："霍金，你做了几道习题啊？"

霍金抬起头来回答说："习题啊？我还没有做。"

"你最好做一下吧，还是挺难的。你不去上课吗？"

"今天就不去了，你们去吧。"

三位同学出门之后，霍金放下手中的科幻小说，翻出上周的习题开始做起来。

三位同学下课回来，看到霍金正在做习题，便问道："霍金，你做出了几道？伯曼教授今天把电磁力学剩下的部分讲完了，这 13 道习题要在下节课上讲。"

"这样啊，不过我只来得及做出了 10 道题。"

戈登他们一听，顿时愣了一下，接着就哈哈大笑起来："10 道题？霍金，你在吹牛吧！这些题这么难，我们合起来用一周的时间才解出了两道半，你才用一节课的时间，就能解出 10 道吗？"

霍金有些疑惑地说："是吗？可我确实解出了 10 道题……"

这时，大家才意识到霍金说的是真的。德里克也感叹道："我们和霍金不仅不在一个层面上，而且有着天壤之别。"

霍金在学习上总是很懒散，这一点伯曼教授也看得出来，但是他也看到了霍金绝顶聪明的一面，并且对霍金做出了这样的评价：

"我那个时候教过大约 30 个学生，他显然是我教过的学生当中最聪明的。其实他最后的考试并不比其他学生都好，当然考得好的学生不仅聪明，而且非常用功。霍金他不仅聪明，我甚至认为他不能用聪明来衡量。按照学习的正常标准，不能说他非常用功，显然他并没有这样做，但是这样做对他来说也是没有必要的……我想我对他真正的作用只是监督他学习物理的进度，我无法自夸自己曾经教过他任何东西。"

霍金学习物理的进度已经远远领先于当前他接受的教育水平了，他看了太多的教科书，以至于对这些教科书内容的有效性和正确性产生了怀疑。当时教授霍金物理课程的导师还有一位名叫帕德里克·森德斯的初级研究员，在上完一节统计物理课之后，为他们指定了一本参考教材，并且指定了课后习题。霍金看了看那几道习题，却当众表示自己拒绝做这几道习题，这令森德斯很是吃惊，也使得戈登他们觉得有些不可思议。

还好森德斯知道霍金是一个有想法的学生，他并没有因此而生气，而是询问霍金为何会这么做。结果霍金拿起那本参考书，用 20 分钟的时间讲述了里面存在的错误，这令森德斯有了一种“青出于蓝而胜于蓝”的宽慰和自豪。接下来，森德斯和霍金就一起讨论了这些错误，森德斯感叹道：“霍金对于课程的了解比我都要多。”

而霍金对大学物理课程的认识则是：“根本不算一回事。”

霍金当时进入牛津大学的时候获得了奖学金，算是公费入学，而公费入学的学生有义务在大学二年级期末的时候参加大学物理奖竞赛，与他同年级的其他学院的物理系学生也都参加了，可以说竞争很激烈，所以大家都在积极准备作战。可霍金却是一副无所谓的样子，别人都在图书馆、教室捧着物理资料辛苦研读，霍金却来到操场的阴凉处若无其事地翻看科幻小说。比赛开始了，霍金毫无任何准备地走进了赛场，结果这位付出最少努力的参赛者，却获得了第一名的好成绩，并且获得了一张价值 50 英镑的布莱克韦尔图书礼券。

有些人在某些领域，天生就是天才。霍金之所以能够毫不费力地取得优异的成绩，并不是因为这些知识他早就掌握于心，而是因为他学习的进度从来都没有停下来。在一个环境当中，知识有它一定的范围，但人的学习进度是可以超越这个范围的。霍金对于物理的修习进度已经远远超越了大学这个特定的环境，所以他取得可观的成绩可以做到毫不费力。

宇宙和基本粒子

作为老师、同学眼中的“聪明”学生，霍金应该算不上是一个“好学生”，在大学期间，霍金还做过很多较为荒唐的事情。或许是大学之内的学习生活比较轻松，或许是他懒散惯了，所以才形成了“随心所欲”的行事作风。也许对霍金而言，这样的大学生活，才称得上是了无遗憾吧。

前面我们提到过大学学院的物理系只有霍金和另外三名同学，他们也就理所应当地住在了同一间宿舍。在其他三人眼中，霍金经常逃课，早晨总是起得很晚，所以他从来不吃早饭。

逃课和不吃早饭对于一个大学生来讲，倒也算不上稀奇，但接下来的一件事却让德里克和戈登深感荒唐。两人吃过晚饭还是像往常一样回到宿舍，想找霍金去健身馆，可却看到霍金一个人坐在一个矮凳上，身旁摆着一整箱啤酒，左侧是三瓶已经喝空了的酒瓶，左手拿着半瓶正在仰着头喝，右手却伸向了啤酒箱又拿起了一瓶，看样子是要把这一箱啤酒都喝完一样。

德里克和戈登看到这番景象，不由得愣在了当场，他们不清楚发生了什么事，但是他们知道当时的霍金只有 17 岁，还没有达到出入酒吧的年龄，也就是说，他不该这样饮酒。就在二人发愣的时段，霍金的第五瓶酒也只剩下一半了，两人连忙赶过来拦下霍金，问他到底发生了什么事，可是霍金也没有说出个所以然来。过了一会儿，霍金在酒精的作用下沉沉睡去，两人将他安置好以后，都露出了无奈的苦笑。

霍金一开始有一段孤独的经历，这才荒唐到要“借酒消愁”，然而后来通过在赛艇队中的生活，他整个人就变得开朗活泼了，同时也不可救药地迷上了赛艇。当时霍金和戈登每天下午都会去练习赛艇，但有件事一直横在他们两人面前——大学学院物理系规定，每一周，学生要拿出三天的时间到实验室做实验，从上午九点到下午三点，并且要写出详细的实验报告。每位学生都必须去，不允许逃课。

然而每周之中有六天的下午需要在练习赛艇中度过，所以在一定的时间段内，无法同时完成两件事，这时候就要有所取舍。于是，物理课程的实验课程被他们舍去了，每当到了下午需要做实验的时间，就从来见不到霍金和戈登的身影。

但是，实验报告照样还是要完成，这就需要霍金和戈登多花一些工夫了，他们只是在上午的时候来到实验室做实验，然后尽心尽力地完成实验报告，并且力求实验报告看起来是按部就班，然后做出大量的数据分析，这样就不算是欺骗老师了。

虽然霍金的行为并不符合规定，但是他确实完成了学习任务，只不过是用更短的时间，完成了更为全面的事情。或许，聪明的学生面对他们所擅长的知识，不用花费太长的时间，也一定可以取得一定的成就。

有一次，霍金和一位朋友喝的麦酒有点多了，他们在回宿舍的路上开始畅谈理想，并打算干出一番大事业。于是，这两个血气方刚的年轻人便开始谋划做一件引人注目的事情。借着酒劲，两人拿了一桶油漆、一把刷子、一根绳子，来到了一座人行桥上。他们用绳子系着一块木板，挂到桥的栏杆下面，然后小心翼翼地踩上去，尽量保持身体平衡，现在他们面前是桥的侧面了，霍金用刷子蘸上油漆，然后在桥面上写下了“全力支持自由党”的字样，想到明天一早所有过路的人都会看到这一“杰作”，他们就忍不住窃喜。

然而，当霍金写完最后一个字母的时候，一束光线朝这边照了过来，接着就是警察的喊声：“你们在干什么？”

霍金和朋友顿时吓得酒醒了大半，连忙跳到了桥面上，朋友反应迅速，从河岸的另一面逃离了。而霍金由于行动不太灵活，被巡逻的警察逮了个正着，他手里还拿着油漆和刷子，非常尴尬地站在警察面前。

警察了解到这是一出大学生的恶作剧，也并没有过多为难他，只是带到警察局批评教育了一番。然而这件事却深深印在了霍金的心里，从那以后，霍金再也不敢做挑战法律的事情了。

赛艇队的队友说霍金是一个“冒险型的舵手”，他在指挥赛艇的时候，往往是“胆大妄为”，桨手们永远也不知道和霍金这位舵手出艇会闯出什么祸来。

霍金并不喜欢学习，每天用来学习的时间也很有限，对于三年的大学生活，他自己是这样评价的：

“牛津大学物理课程的安排异常宽松，学生想要逃避用功是轻而易举的事情。而且在求学期间没有任何考试，除了一开始的入学考试和毕业时的离校考试，其余时间，我感觉自己就在邋遢度日。我曾经计算过，我在牛津上了三年大学，总共才学习了 1000 个小时，平均下来，也就是每天只有 1 个小时的学习时间。这不是为了不用用功而骄傲，只是在陈述当时的情况而已。当时的我和我的同学一样，都处在一种百无聊赖的状态，都认为没有什么是可以值得争取的。”

最后的毕业考试临近了，这个时候霍金才感受到了压力，他认识到自己应该多留出一些时间来学习了，于是他把原来的一天学习 1 小时增加到了一天学习 3 小时。这样看来是很正常的事情，面对毕业考试，3 个小时也不长，但在霍金眼里，“3 个小时”是要用惊叹的语气来说的。

要应付毕业考试，单靠聪明是无法通过的，因为考题会有一定的形式化，虽然那在霍金看来“一点用处都没有”。临时抱佛脚的霍金复习起来也是有章法可依的，他平日里学习没怎么用心，是无法在短时间内复习完所有课程的，所以他找到了一个窍门：挑选可以凭直觉回答的理论性强的题目，避开需要死记硬背的题目。

霍金已经申请了剑桥大学宇宙学博士学位，投身到弗雷德·霍伊尔导师门下做研究。而只有获得此次毕业考的“第一等荣誉学位”才有资格前去深造，霍金明白这并不容易。

毕业考试共有四天，前三天霍金发挥得还算不错，但第三天晚上他却失眠了，因为紧张而失眠了，三年来，他第一次感到紧张。

晚上睡不好，就意味着第二天会没有精神，所以等到考试结束后，霍金隐隐觉得自己可能与一等无缘了。而面临毕业，昔日朝夕相处的同学和老师也就各奔东西了。考完试之后，霍金和他的朋友们去痛痛快快地庆祝了一番，即将毕业的学生都在用酒精冲淡毕业的离情。

毕业考试还有一场面试，可以说，这场面试决定了霍金今后的人生道路。霍金知道自己的成绩介于一等和二等之间，所以他竟然放下了“听天由命”般的“狠话”给面试官：“如果你们给我一等荣誉学位，我就去剑桥；如果是二等，我就留在牛津。”

牛津大学为毕业生提供了一些福利，其中就有资助毕业旅行费用，于是霍金决定去毕业旅行。其实，学校的资助并不多，而霍金却天真地认为去的地方越远，学校给的资助就越多。于是霍金决定去伊朗。听到这个消息，霍金的父母吃了一惊，霍金此时不过是一个20岁的小青年，怎么有能力去那么远的地方旅行？然而霍金去意已决，并且向父母保证每一段行程都会写信向父母报平安。打点好行李之后，便和几位同学结伴出发了。

然而返回的过程却充满了艰辛，霍金在途中大病了一场，一开始是腹泻，后来又由于汽车的急刹车，他从后座被摔到了前座，导致一侧肋骨断裂。霍金就这样昏昏沉沉地在颠簸的返程途中渐渐康复，然而他们不知道的是，就在他们回经大不里士的时候，附近的保因扎赫拉发生了7.1级大地震，当时死伤了一万两千多人，而霍金和朋友们因为不懂得当地的语言，再加上车内颠簸得厉害，所以他们并不知道发生了什么。地震发生的时候，他们正处在靠近震中的地方，竟然能够安然无恙，这可以说是不幸中的万幸。

就在地震发生的当天，母亲接到了霍金的平安信，他们知道霍金身处震区，内心焦急而无助，好在他平安无恙地回来了。

霍金的面试结果出来了，他如愿获得了一等荣誉学位，可以进入剑桥大学深造，那里有他神往的宇宙学，宇宙之王的探索之路就要开启了。

霍金考上了剑桥大学理论物理专业的博士研究生。为什么要选取理论物理专业呢？霍金后来说：“理论物理中有两个领域是基本的……一个是研究非常大尺度的，即宇宙学；另一个是研究非常小尺度的，即基本粒子。”这就是说，理论物理联系着“至大”的宇宙和“至小”的基本粒子。最后，他确定要研究宇宙学，这是因为“在宇宙学方面已有一个定义完好的理论，即爱因斯坦的广义相对论”。广义相对论是研究宇宙学的理论基础。

▶ 病魔与爱情不期而至

从童年时代起，运动从来就不是霍金的长项，几乎所有的球类活动他都不行。到牛津的第三年，霍金注意到自己变得更笨拙了，有一两回没有任何原因地跌倒。一次，他不知何故从楼梯上突然跌下来，当即昏迷，差一点死去。直到 1962 年霍金在剑桥读研究生后，他的母亲才注意到儿子的异常状况。刚过完 21 岁生日的霍金在医院里住了两个星期，经过各种各样的检查，他被确诊患上了“卢伽雷氏症”，即运动神经细胞萎缩症。医生对他说，他的身体会越来越不听使唤，只有心脏、肺和大脑还能运转，到最后，心和肺也会失效。霍金被“宣判”只剩两年的生命。那是在 1963 年。起初，这种病恶化得相当迅速。这对霍金的打击是可想而知的，他几乎放弃了一切学习和研究，因为他认为自己不可能活到完成硕士论文的那一天。然而，一个女子出现了，她就是简·王尔德，这时病魔与爱情不期而遇。

有位著名的青春作家曾说过一句话，被很多人传为经典语录：“爱对了是爱情，爱错了是青春。”

打开简·王尔德自传，开头她就写道："我和斯蒂芬的故事是从1962年的夏天开始的，或许还比这早十多年，不过我并没有意识到。"简与霍金是在上小学的时候认识的，他们之间也许还有段不为人知的青梅竹马的故事。

2013年4月，霍金的前妻简的自传《飞向无限——和霍金在一起的日子》出版。这是一部感人的书，在这本书里，有这样几句话，让所有热爱霍金的人也开始热爱这位坚强的女性。她这样写道："不知道为什么，那个男孩让我感觉忐忑不安。也许正是他的古怪令普通的我觉得着迷，也许我有种奇怪的预感还会再与他见面。不管原因是什么，那一幕深深地印刻在了我的脑海里。在那个阶段，我完全沉迷在他的魅力之中，就像被他那清澈的蓝灰眼眸、大大的笑容和酒窝施了魔法一般无法自拔……我必须抓住哪怕一分一毫的希望，寻找并保持足够的信念，期待幸运降临在处于困境中的我们俩身上。斯蒂芬看到我回来很高兴。我的直觉告诉我，他开始以更为乐观的态度看待我们的关系，或许他想清楚了，并不会失去所有，或许未来并不会像他恐惧得那样黑暗。回到剑桥，在十月的一个周六，一个细雨绵绵的夜晚，斯蒂芬结结巴巴地低声向我求婚了。那一刻改变了我们两个人的生活，也彻底打消了我想成为一名外交官的念头。"

霍金不记得了，简却清楚地记得这件事情。那是20世纪50年代初期，7岁的女孩简进入圣奥尔本斯女子学校一年级学习。当年，女子学校也招收男学生，霍金进入该校高年级读书。简和霍金不在同一个班级，霍金不记得和简是小学校友，简却见过霍金，那时候的霍金的头发是金棕色的，在班级里，座位在靠墙的位置。不是同班同学，又不在一个级部，简是如何遇到霍金的呢？

有一天，简的老师没来上课，按照学校的规定，一年级的老师没来上课，一年级学生必须和高年级的学生在一起上课。于是，就在那天，简见到了霍金，他们却没有说过一句话，也没有打过招呼。后来，霍金转学了。

对于这段经历，简在她的自传《飞向无限——和霍金在一起的日子》的第一部分第一个章节做了详细的描写："20世纪50年代初，7岁的我进入圣奥尔本斯女子学校上一年级。隔壁班里有个留着蓬松金棕色头发的男孩，他总是坐在靠墙的座位上。那所学校也招收男生，我的哥哥克里斯多夫就在初中部上学。我们老师不在的时候，低年级的学生就要和高年级的学生挤在一个教室里听课。只有这个时候，我才会看到这个男孩。”

这个男孩就是斯蒂芬·霍金，也就是简以后的丈夫。此后，简和霍金再也没有见过，直到 1962 年的暑假里，简和同学戴安娜、朋友吉莉安一起在街上漫步。当年，简的父亲在政府部门担任高级官员，她的父亲同意让她参加一些成人的聚会，比如在英国下议院参加聚餐会或者去白金汉宫参加花园派对。这时候，一个年轻男孩走过来，他低头走路，脚步与常人不同，有点奇怪，棕色头发乱蓬蓬地挡住了脸，他没有看到迎面走来的三个女孩，像是在边走边思考问题。这个男孩不是别人，就是霍金。

戴安娜说道：“那个低头走路，脚步怪异的男孩是斯蒂芬·霍金，我和他有过约会。”

戴安娜刚说完这句话，简瞪大眼睛吃惊地看着她，似乎像是在对她说：“你和他约会过，那是不可能的事情。”

看着看着，简和吉莉安竟然大笑起来，她们用笑声表示自己的不相信。

戴安娜急忙说道：“我确实和他约会过，他是我哥哥的朋友，这个人学习很好，有个聪明的大脑，我们是在剧院里约会的，不过，我从没见过霍金的父母和弟妹，他曾经参加过一个游行，那是个‘禁止核弹’的游行。”

那一天，简玩得并不开心，她竟然把霍金深深地印在了大脑里。她有种预感，她还会和霍金相遇，这种奇怪的想法，让她自己也觉得不可思议。

1962 年暑假，简去了西班牙，她是去参加在那里举办的暑期班的。那一年，简独自在国外，自己能很好地照顾自己，对于一个十几岁的女孩来说，她觉得自己已经长大了。对于简来说，离开父母的管束，她有一种成熟的感觉，她觉得自己就像一只自由的小鸟，终于可以享受到独自飞翔的乐趣。

假期结束后，简开始申请去牛津、剑桥大学读书，结果是：这两所著名的大学都对她关上了大门。此时的简已经被高考折磨得很痛苦了，更让她难过的是，在简 6 岁的时候，她的父亲就希望她长大后能以优异的成绩考入剑桥大学，她觉得自己辜负了父亲的期望。就在简备受折磨的时候，她的校长真特女士对她说：“没有成为剑桥的学生不是耻辱的事情，那些没被剑桥录取的女生在我眼里比被剑桥录取的男生要聪明得多。”

真特女士在安慰完简以后，提出了自己的建议，希望简去伦敦大学的威斯特菲尔德学院面试。于是，简接受了真特女士的建议，在一个寒冷的冬季，她乘坐公交车来到汉普斯特参加面试。面试结束后不久，简接到了录取通知书。

1963 年的元旦，为了庆祝新年的到来，剑桥大学举办了新年派对活动，简的同学戴安娜的哥哥邀请他们去参加派对活动。那一天，简穿着一条人造丝绸连衣裙，挽着一个发髻，内心深处还有一点害羞地出现在了名牌大学学生们的面前。

这时候，简看到了一个长得很瘦的男孩，他靠在角落的墙边站着，一边说话一边伸出又细又长的手指比划着，额头前面的头发很长，挡住了他的视线，他身上穿的夹克的颜色是黑色的，沾满了很多灰尘，看上去不是很干净整洁的样子，他打的领结颜色竟然是红色的。简认出了他，这个男孩就是斯蒂芬·霍金，一年前的夏天在街上遇到的那个走路怪异的男孩。

此时的他，正在与朋友说话，站在一边的简听见了他们交谈的内容，她听霍金谈到他在剑桥大学正在进行宇宙学研究，他的老师是丹尼斯。他说他在牛津大学读书的时候没有好好学习，算不上用功的好学生。还有，他在牛津上学的时候，从来不去听课，而是和同学去玩耍了，他曾经把作业本撕碎了，把碎片扔到了导师的废纸箱里。这些话在简听来，确实是霍金的传奇。甚至，霍金都忘记了他报名参加公务员考试的事，直到有一天早晨，听完瓦格纳的《尼伯龙根的指环》后，他忽然想了起来，可惜的是，等他想起来的时候，公务员考试已经结束了。

简被霍金吸引住了。霍金一边说着自己在大学里的笑话，一边不停地打嗝，他还不停地大笑，看起来有种无法喘气的感觉。当新年派对即将结束的时候，简主动和霍金打了招呼，两人互留了地址和名字，但是，在简的心里，她没有更大的期望，她不敢肯定以后会不会再与他相遇，她喜欢那种偶遇的惊喜。

简在回忆录里说：“那蓬松的头发和领结仿佛是独立思想的宣言。今后如果再与他在街上偶遇，我或许能够像戴安娜那样，泰然自若地看待这种独立和自信，而不是惊讶得目瞪口呆。”

几天后，简收到了霍金送来的卡片，邀请她在 1 月 8 日参加他 21 岁生日的派对。简看着那张卡片，上面的字迹工整漂亮，她的心里很羡慕，因为她总是写不好字母，苦练了半天，还是不能写得漂亮，她就特别喜欢能把字母写得漂亮的人。

简同意参加霍金的生日派对，要去参加生日派对，当然要挑选一份礼物，但是，简和霍金只见过三次，对他并不了解，怎么能挑选一件让霍金喜欢的礼物呢？想来想去，简挑选了一份特殊的礼物——一张唱片代价券。

霍金的家位于圣奥尔本斯镇希尔赛德街。来到霍金家的门前，简愣住了，霍金家的房子太简朴了，简称他们家为“节俭的典范”。不过，那时候的社会风气是反对浪费，提倡节俭的。那代人都是生在战火年代，在战后成长起来的，他们学会了节俭，要买物美价廉的东西。

简按响了门铃，等了一段时间，一位女士打开了房门，她就是霍金的母亲。一个蓝眼睛的小男孩站在她身边，那个男孩就是他们收养的小儿子爱德华。一会儿，霍金家的人都来到了客厅，简这才发现霍金家的人她都认识。除了霍金的家人，还有霍金的亲戚和在牛津认识的朋友，这些朋友大部分都是在圣奥尔本斯相识的。在大学中新认识的朋友很少。谈到为什么在牛津大学没有谈得来的朋友，霍金给出的答案是那些学生年龄太大，因为年龄差距导致出现代沟。

客厅很宽敞，却也很寒冷，因为客厅里没有暖气，大家有的坐着，有的靠墙站着，不过，客厅里的加热器还能给大家带来一点儿温暖。客人们在聊天，他们讲的都是笑话，但是直到如今，简能记住的不是笑话，而是谜语。

生日派对结束后，两人有一段时间没见面，各人忙着各人的事情。简忙着上秘书课程，学习速记法。二月份的一天，那天是星期六早晨，简和两位同学来到商场的咖啡馆聊天。在咖啡馆里，戴安娜给简带来一个可怕的消息，她说：“斯蒂芬在巴兹医院住了两个星期了，他走路经常会摔倒，连鞋带都无法系上，医生给他做了很多检查，说他患上了一种可怕的疾病，这种疾病会导致他瘫痪，他只能活几年了。”

听完这些话，简惊呆了，她做梦都没想到，霍金竟然得了绝症，这样年轻的生命，竟然要面对死亡。

简问戴安娜：“霍金现在身体怎么样？”

戴安娜说："我哥哥去看望他了，他回来告诉我，霍金的情绪很不好，医院的那些检查对他来说简直像噩梦。住在他对面的男孩去世了。因为霍金是社会党，他只想住在集体病房里，不愿意住单人病房。"

更让戴安娜感到难过的是，虽然霍金住了很长时间的医院，却一直没找到得病的原因。

戴安娜给简说出了医生的推测："他们猜测是因为霍金前几年去伊朗的那段时间注射了没有消过毒的天花疫苗，导致他的脊椎感染了病毒。"

简回到家，她在心里一直牵挂着霍金，她的心事瞒不过母亲，母亲知道简喜欢霍金，简的母亲是个教徒，她便对女儿说："你为什么不为他祈祷呢？也许会管用的。"

一个星期以后，简在站台等火车，这时候，她的眼前一亮，她看见了霍金，手里拿着一个帆布包，正迎面走过来。这一天，霍金的打扮与以前完全不同，以前的他有点古怪，这一天，他穿着米色的风衣，戴着红色的领带，头发很短。前两次见面，都是在灯光下，这次的见面，却是在阳光下，他的笑容，他那躲藏在眼镜片后面的智慧，都像磁铁一样吸引着简。

简和霍金并肩坐在火车上，火车是开往伦敦的，两人开心地交谈起来，但是，他们没有谈到霍金的病情。当简说她得知霍金住院的消息，心里很难过的时候，霍金什么话也没说，此时的霍金让简感到，再谈他的病情是一件不会让人愉快的事情。当火车快要到达圣潘克勒车站的时候，霍金对简说：他要回剑桥，周末会回家团圆，他约简在周末的时间一起去剧院，简同意了。

周五的夜晚，简和霍金在意大利餐厅吃完饭后，两人一起去剧院看戏。那天，他们看的是话剧《狐狸》，故事围绕一只狡猾的老狐狸为了测试它的继承人是否对它忠诚展开，结果老狐狸的计策失败了。

剧院约会结束后，简的母亲告诉女儿：霍金打来电话，邀请她去参加剑桥的五月舞会。剑桥的五月舞会是在六月份举办，这是属于剑桥的舞会。简是个喜欢跳舞的女孩，她在中学的时候，就非常想参加五月舞会，那时候，学校里有个女孩被邀请参加了五月舞会，她就非常羡慕，也希望自己能像童话里的灰姑娘一样，坐上马车，来到美丽的城堡和自己心爱的王子跳舞。

后来，霍金又打来电话确认她是否愿意参加五月舞会，她答应了，并在伦敦牛津街上的一家店铺里，买了一件丝绸礼服，礼服的颜色是白色和蓝色的，价格也不是很贵，但花光了她所有的积蓄。

简想要在夏末去西班牙旅游，所以她得找份工作挣钱，于是就去了职业中介找工作，找到了在银行做总机接线员的工作，她还做了很多工作，这是后话。

不知不觉中，春天远去了，夏天到了。五月舞会的那个夜晚就要来临了。

那天下午，霍金来接简去参加舞会。当简见到霍金的时候，她惊呆了：霍金是那样的瘦弱，与上次见面不同，他的身体更加虚弱，简担心他的身体和安全。当时，霍金还开着他父亲的那辆旧福特轿车。简把霍金向母亲做了介绍，她的母亲看到瘦弱的霍金，很冷静，脸上没有露出惊讶的神情。后来，简在回忆录里，把那辆旧福特车称为玻璃马车。当年，他们是那样的快乐，简形容那时候的自己就像去童话里参加舞会的公主，她把霍金称为迷人的王子。

很快，他们就来到了霍金的住处。简很喜欢霍金住的那幢房子，保留着 20 世纪 30 年代的风格，房子的外面还有一个花园，种满了绿色植物和花朵。霍金带着简走进屋内，见到其他的赴宴者在做着准备。简去楼上的房间换上了漂亮的礼服，当她从楼上走下来的时候，霍金把简介绍给他的朋友们。

简发现一个有趣的问题：霍金的研究生朋友们与他说话，都用特别的语言交流，话语中还带着幽默讽刺的味道，但是，又对霍金充满了关怀。他们对待霍金的态度，让简难以理解。

后来，他们从康河的另一边走向了学院。校园内各处的音乐均不相同，迎合着不同品味的人，着正装的大家都比平时更美、更帅气。活动一直持续到凌晨，并且供应早餐，第二天还可以乘篷船。因此舞会结束后的第二天，他们去剑桥观光了，然后去吃了午餐，还去河里划船，等到霍金要开车送简回家的时候，简看着霍金说：“我想坐火车回家。”霍金却不愿意让简独自坐火车回家，无奈，简坐在副驾驶的座位上，她心里有种恐惧感，因为霍金像他父亲一样疯狂地开车。简坐着霍金开的“碰碰车”，一路摇摇摆摆地回到了家。从那刻起，简做出了决定：以后参加舞会，再也不会坐他的车了。

那天，简的母亲正好在花园，便邀请霍金和她们一起喝茶，坐在花园门的旁边，阳光照着他们，简把舞会讲给母亲听，霍金坐在一边，也表现出很有礼貌的样子。简心里想，她真的爱上了霍金，他开车再疯狂，她也要爱他。

有人说，当女人爱上一个男人的时候，她的眼里只有这个男人的优点。爱情就是这样，该来的时候就会来，有人把这叫作缘分。6 月的一个周六，舞会结束后，霍金的妹妹开车带着简和另外两个法国女孩一起去剑桥参观了。路上，她们愉快地交谈着，一起在霍金住的宿舍走廊里野餐。此后，两家开始频繁来往。当简的父母邀请霍金吃饭的时候，他又穿上了黑色天鹅绒的外套，还扎着红色的蝴蝶领结，在简的眼里，霍金的牛津复古风简直是太另类了。

1963 年 7 月，那天简起得很早，父亲开车把她送到了机场，她乘坐学生航班去西班牙，开始了她在西班牙的旅行。两个相爱的年轻人暂时分开了。在西班牙旅行期间，简遇到了很多烦心的事情，最让她心烦的就是，陌生男人经常会来到她居住的公寓。当简和朋友们晚上回到公寓的时候，陌生男人就会来纠缠她们，还有人在房间里搞恶作剧，她们的耳边不断地传来一种奇怪的声音，那是门把手发出的咯咯声。

结束了西班牙的旅行，简回家后，马上和霍金联系。遗憾的是，她没有找到他。简找到了霍金的母亲，他母亲告诉简，霍金回剑桥学习去了，但他的身体依然很不好。

这时候，简要离开家——她想去伦敦开始属于她的新生活。在伦敦，简参加了很多社交活动，欣赏音乐会、去剧院看戏及芭蕾舞表演，忙碌的生活让她暂时忘记了霍金。1963 年的 11 月，简收到霍金的消息，他要来伦敦了。他的牙齿出现了问题，想找个牙医看牙。霍金问简，愿不愿意和他一起去看歌剧。

霍金的邀请让简很开心，她觉得这比舞会还让她兴奋。11 月份，简在伦敦的街上遇到了刚刚做完治疗的霍金，他看起来走路摇摇晃晃的，看到他的样子，简的心里很难过。两人走在街上，霍金开口说道："我并不崇拜遇刺的总统肯尼迪，那是因为，在处理古巴导弹危机的时候，他的做法是鲁莽的，肯尼迪总统的做法将会导致整个世界进入核战争的危险中。"

霍金一边谈论着政治，一边困难地走着。他看上去非常疲倦，但是他自己却不承认。两人走到一个十字路口的时候，霍金摔倒了。一位好

心的过路人走过来，他和简一起把霍金搀扶起来。一路上，简搀扶着霍金，走了一段路，两人实在走不动了，就招手叫来了出租车，朝着剧院的方向开去。

听完歌剧以后，简认为一定要详细了解霍金的病情。简拜访了很多老朋友，他们都是医生，她到处咨询，可惜，没有人能治疗这种神经性疾病。圣诞节和新年期间，简来到霍金家中，想请霍金一起出去吃饭，不巧的是，那天他们全家要去伦敦看歌剧。霍金见到简很高兴，向简发出邀请，邀请她下周和他的家人一起去听歌剧。简知道，霍金家庭的主要活动是看歌剧，对于简来说，她只能算是新入门的水平。

后来，他们的约会都是在歌剧院，霍金能买到很多歌剧票，他来伦敦的次数越来越多，有时候是来参加研讨会或看牙医。简也会拿出时间，去剑桥大学看望霍金。但是，由于霍金的身体有病，两人的交往不是很顺利，面对未来，那时候还没有成名的霍金觉得一片漆黑。他们之间的关系开始变得紧张起来。

回忆这段往事，简在回忆录里这样写道："我常常流着泪回到伦敦，而霍金大概也觉得我的出现不过是在他痛苦的伤口上撒盐。他很少外露情绪，也回避有关他病情的话题。因为害怕伤害他，我试图凭直觉感知他的内心，而不强迫他说出来，于是不知不觉地，我们之间变得沉默寡言，久而久之变得难以忍受。"

在简的回忆录里，她详细地描写了她和霍金相爱和约会的所有细节，笔者很吃惊，她的记忆竟然这么好，竟然能记得清所有的细节，这确实是不容易的。我们每个人一生中都会遇到各种各样的事情，即使是记忆力再好的人，也不会把每一件事都记得清清楚楚。这只能说明一点：当年，霍金和简确实存在着深厚的感情，当年，他们的爱情是美丽的。

当我翻开霍金写的《我的简史》的时候，却发现：他的回忆录本来字数就不是很多，关于他和简的内容更少。后来我才知道，这是霍金的风格，他不喜欢把自己的私生活对外曝光。我理解他，很多做科学研究的人，最看重的是自己的研究成果，他们最厌烦的就是媒体和大众过度关心他们的个人生活。

后来，他们订婚了。那时候，他想到的是：如果他和简结婚，他就必须要找份工作，要找工作，他就必须完成博士毕业论文。有了爱的动力，霍金更加努力学习。为了养活自己，霍金向龚维尔和基斯学院申请了研究奖学金。他的手不能打字，没办法，只好拜托简帮他打印申请表。

让霍金没想到的事情发生了，在他需要简帮忙的时候，她的手臂却骨折了，并且还打上了石膏。这让霍金很心疼，在简受伤的时候，他应该照顾她，但是，她却还要忍受着痛苦，帮他打字。最后，由霍金口授，简写好申请书，然后，再找别人帮忙打印出来。

有人说，简是一位伟大的女性。我也是这样认为，当浪漫的爱情步入婚姻的殿堂，所要面对的就不再是鲜花和烛光晚餐。婚姻中的女人，面对身体健康的丈夫，尚且会有一些难以适应；而面对身体有病、不能行走的丈夫，一定会面临更多无法克服的困难。

在世界上所有的女人眼里，简太伟大了，她用柔弱的肩膀挑起了家庭的重担。1965 年的 7 月，两人结婚了，他们去了萨福克度蜜月，因为出国旅游对当时的霍金夫妇来说，是负担不起的。后来，他们又去了康奈尔大学的广义相对论暑期班。

很多人都说，婚姻是爱情的坟墓。对于这句话，我并不赞同。是否把婚姻变成坟墓，那要看夫妻二人是否用心经营婚姻。纵观古今中外，从名人到普通百姓，婚姻都是一道坎，如果夫妻相敬如宾，两人都会幸福美满；如果夫妻整天打闹，不仅家庭不会幸福，还会影响到周围邻居的生活。

科学家的日子也同样要面对柴米油盐，简曾经用一句话来形容自己的生活："其实那就是一种不稳定的生活。"那时候，他们刚刚结婚，本来应该是幸福的妻子的简，却要拿出更多的时间照顾霍金——霍金走路越来越困难了。他们想要搬去市中心居住，霍金向学院求助，没想到当时的财务主任对他说："你只是一个普通的研究员，你的住房问题，学院是不能帮你解决的。"

霍金想到，几年前有一套新公寓正在建造，他去登记申请过，公寓的地理位置也很好，位于商业中心，交通方便。几年以后，霍金却发现：那套公寓是属于学院的，但那时候，学院没有把这些情况对他讲清楚。

在简的自传《飞向无限》中，她首次披露了很多内幕，以及很多在霍金没有成名的时候遭遇到的不公平对待，她这样写道："我们把所有的行李和礼物都塞进了那辆红色 Mini，然后直接去剑桥找房屋中介了。然而，我们被告知那房子其实已经完成，但是因为他们没有我们的预订记录和姓名，就将房子租给别人了。看来，旧世界也开始变得不可靠了。我们一边沮丧地吃着午饭，一边商量下一步该怎么办。霍金决定鼓起勇气再去找一次凯斯学院的财务，虽然也不抱希望我们能说服他暂时帮忙，但是下定了决心，于是我们一起去妖魔的老巢挑战。”

简和霍金见到了一位新来的财务主管，他是一位西藏学讲师，但他从没教过任何学生，所谓的讲师也不过是挂个名头罢了，他的主要工作还是管理学院的财务。

这位财务主管的脸上虽然挂着严肃的表情，但是他比前任财务主管的脾气好多了，他没有训斥霍金，而是听完他们的话后，脸上略带同情地对简和霍金说："我能帮助你们，但是，我只能提供短期的帮助，学院是不会给任何研究生提供住宿的。"后来，财务主任给简和霍金提供了研究生宿舍的一套房间，房子不是免费的，是要收费的，每晚收取 12 先令 6 便士。两个人居住，要收取 25 先令。

面对如此狡猾的校方，简把愤怒压在心底，她努力控制着自己的情绪，不让愤怒在办公室里爆发出来。在自传里，她这样写道："对于这样精明狡猾的手段，我们只能压制怒气，因为我们无处可去，宾馆又超出我们的能力范围。我们只得尽量缩短住在哈维街的时间。"

与狡猾的管理者不同的是，学院的工作人员，尤其是管理宿舍的后勤人员的态度却是相当温暖的，用简的话来说，那就是："真是善良极了，无论是清洁工、工匠、门房或服务生，无一不表现出热心和友好，而这些优点在学院的高层管理者身上却毫无例外地无迹可寻。"

本来焦灼愤怒的内心，因为这些善良的出现，而变得平和了。简发现，这个世界虽然有黑暗的一面，但是，真善美依然存在。宿舍后勤人员帮他们打开暖气，帮助他们晾晒被子，还在他们住的当天晚上和第二天清晨，送来好喝的茶和好吃的饼干。更让简感动的是：有位女后勤人员要帮他们洗衣服，不收取任何费用。简内心很感激，但是，她还是不愿意让这位好心人太过劳累。

霍金和简在那间房子里只住了三个晚上，很快，他们就在大学附近找到了一个小房子。那幢房子属于另外一个学院，本来属于学院的一个研究员，那位研究员搬家了，他们就将房子租给了霍金和简，租期是三个月。

在租期内，霍金和简在附近发现了一幢闲置的房子，后来，这房子的主人就把房子租给了霍金夫妇。他们想把房子买下来，霍金去学院找领导，申请抵押贷款，结果学院做了调查后，认为如果要抵押贷款，存在很大的风险，便拒绝了他们的要求。霍金不放弃，他们从别的地方得到了抵押贷款，修缮房子的钱是霍金的父亲支付的。

后来，简在出版的自传里，表达了对霍金导师丹尼斯的感激之情，是导师在他们到处流浪的时候帮助了他们，简说：“他帮我们联系到了彼得学院的一位学者，他正想把从学院租来的房子转租出去。那座房子没配备家具，但是我们随时都能搬进去，而且位置极佳，就坐落在小圣玛丽路上，那是剑桥最古老也是最为风景如画的一条路。”

霍金夫妇总算在伦敦有了自己的家，爱情变成了柴米油盐酱醋茶，但就是在这样的日子里，他开始了在事业上的腾飞。

名人名言·励志

1. 大海越是布满着暗礁，越是以险恶出名，我越觉得通过重重危难去寻求不朽是一件赏心乐事。

——[法] 拉美特里

2. 在暴风雨中一个因船舶失事而遇难的人，难道可以任凭风浪去摆布？不，他会拿起救生圈，抓住木板，挣扎到岸边去，使脚下探索到坚实的立足点。

——[南斯拉夫] 努希奇

3. 当大象遭难时，甚至青蛙也会踢它一脚。

——[印度] 谚语

4. 越是顺利的时候越是容易滋长骄傲情绪；在顺境中保持清醒的头脑是十分难能可贵的。

——[古罗马] 奥维德

◁ 第三章 ▷

Hawking

末路婚姻

当你面临着夭折的可能性，你就会意识到，生命是宝贵的，你有大量的事情要做。

——[英]霍　金

婚姻的自述

霍金在《我的简史》一书里是这样谈到他的婚姻的：

1975 年我们从加州理工学院回来后，我们发觉我已不可能攀爬我们家的楼梯。学院在这时对我已相当赏识，就让我们住进学院的一座巨大的维多利亚风格房子的底层公寓。这幢公寓处于由学院园丁维护的花园之中，这对于孩子们非常好。

我在回英国时开始情绪低落，和在美国的说干就干的态度比较，在英国，所有的东西都这么狭隘和受限制。那个时候，荷兰榆树病肆虐，林木凋尽，整个国家都被此起彼伏的罢工所困扰。然而，由于我的研究有了进展，并于 1979 年当选为卢卡斯数学教授，这是伊萨克·牛顿爵士和保罗·狄拉克一度担任过的职位，我的心情才变得舒畅起来。

1979 年我旅行到科西加给暑期学校讲课之后，我们第三个孩子蒂莫西出世了。之后简的情绪变得更低落了。她担心我很快会死去，希望找到某个人在我死后养活她和孩子并和她结婚。她找到乔纳森·琼斯，一位地方教会的音乐家兼风琴演奏师，并在我们的公寓给了他一个房间。我本应反对这件事，但是我也以为自己会早早死去，并且觉得需要有人在我死后养活孩子们。

我的病情继续恶化，其中的一个症状是长时间的窒息发作。1985 年，在去瑞士的欧洲核子研究组织（CERN）的旅行中我得了肺炎。我立即被送到了州医院并接上了呼吸机。医院的医生认为我的病情太严重了，以至于他们提出要关掉呼吸机并结束我生命的地步，但是简拒绝了，并把我放在急救

霍金与爱人

飞机上送回到了剑桥阿登布鲁克医院。那里的医生想把我恢复到我以前的情形，但最终他们只好进行气管切开手术。我的言语在手术之前就变得更含糊，所以只有熟悉我的人才能听懂我。但那时至少我还能交流。我口授、由秘书来撰写科学论文，而我做研究班演讲时通过一名翻译更清晰地重复我的话。然而，气管切开手术把我的讲话能力全部消除了。

有一段时期，我仅有的能交流的方法是，有人指着拼写卡，指到正确的字母时我扬一下眉毛，就这样逐个字母地拼出单词来。这样交流是相当困难的，更不用说写篇科学论文了。然而，在加利福尼亚的名叫瓦特·沃尔托兹的电脑专家听说了我的困境，送给我一套他写的名叫均衡器的电脑程序。这就允许我揿动手中的开关，从屏幕的一系列菜单中选取词汇。现在我用他的另一个叫作词加的程序。在我的眼镜上有一个微小的传感器，对我的面颊运动做出反应，由此控制这个程序。当我把要说的都聚集好，就能将其送到语音合成器去。

我起初只在台式电脑上运行均衡器程序，后来剑桥适应通讯公司的大卫·梅森把一台小型电脑和语音合成器装到我的轮椅上。我现在的电脑是英特尔提供的。这个系统使我比以前交流得更好，而我能每分钟处理 3 个词。我可以要么说出我已写的，要么将其存在盘里。然后我能将其打印出来，或者把它找出并一句一句地说出来。我已经用这个系统撰写了七部书和一些科学论文。我还做了一些科学和普及的演讲，它们都很受欢迎。我想这在很大程度上归功于语音加创造的语音合成器的高质量。一个人的话音是非常重要的。如果你话音模糊，人们很可能认为你有精神缺陷。这台语音合成器是我听到的最好的，因为它发出的声音抑扬顿挫，不像《神秘博士》的塔勒克斯的那一台。语音加那时起停止营业，而它的语音合成器项目已经停止。现在我拥有余下的最后三台合成器。它们很笨重，耗电量很大并且有过时的不能被替代的芯片。尽管如此，至今我已认同这声音，它已成为我的商标，所以除非所有三台合成器都毁坏，我不想用更自然发出的声音来替代它。

在我出院时我需要全时护理。起初我觉得我的科学生涯已经完结，而余下能做的一切就是待在家里看电视。但是我很快发现，我还能继续科学研究，并且利用称为 Latex 的程序写数学方程。然而，我对简和乔纳森之间日益密切的关系越来越不高兴。我最后不能再忍受这种情形，并且在 1990 年，搬出了这里，并和我的一位护士伊莱恩·梅森住到了一个公寓去。我们发现对于我们和伊莱恩的两个儿子来说，这公寓太小，这两个孩子一周中有部分时间和我们在一起，于是我们决定搬走。

1987 年，一次强大的风暴吹掉了纽纳姆学院的房顶。纽纳姆学院是仅有的女生本科学院（这时男生学院也都收女生了。我所在的基斯学院有一些保守的研究员，是其中最迟也招收女生的学院之一，因为终于被学生考试的结果说服，除非也收女生，否则好男生不向它申请。）由于纽纳姆是一所穷学院，它不得不出售四块地产去修理风暴蹂躏后的房顶。我们购买了其中一块，并且建成了方便轮椅进出的房子。

1995 年 9 月伊莱恩和我结婚了，9 个月后简嫁给乔纳森·琼斯。我和伊莱恩的婚姻是激情而骚动的。我们也经历了许多波折，但是作为护士，伊莱恩在几个场合救了我的命。气管切开手术后，我在气管上有一个塑料管，这个管子可以防止食物和唾液进入我的肺部，并由充气的袖袋保持着。但是，多年来在袖袋中的压力损害了我的气管，使我咳嗽并窒息。有一回我在克里特开会，在归途飞行中我咳嗽了。一位名叫大卫·霍德华的外科医生刚好在同一架飞机上，他走近伊莱恩并告诉她，他能帮助我。他建议进行一个喉头切除术，这将把气管和喉咙彻底分开并且不再需要带袖袋的管子。剑桥阿登布鲁克医院的医生说这手术太冒险，但伊莱恩坚持要做，而大卫·霍德华在伦敦的医院为我做了手术。该手术救了我的命：假如不做的话，再过两周这个袖袋就会在我的气管和喉咙之间磨损出一个洞，血液就会充满我的肺部。几年之后，我又遇到了另一次健康危机，因为在深睡时我的氧水平下降到了危险的程度。我被紧急送到医院并住院四个月之久。我终于带着呼吸机出院了，晚上需用它。我的医生告诉伊莱恩让我回家等死。（自此我换了医生。）两年前我开始一天 24 小时用呼吸器。我发现这加强我的精力。一年之后，我被吸收为一个团队的成员，为大学 800 周年纪念募捐活动出力。我被派到旧金山，在六天之内做了五场报告，这使我精疲力竭。一天上午，当我在脱开呼吸机时昏迷了过去。值班护士以为我没事，倘若没有另一位护理传唤伊莱恩，伊莱恩及时使我苏醒过来的话，我大概早已死去。伊莱恩为这一切危机已经耗费了大量的情感。不过最终，我们在 2007 年办理了离婚。离婚之后我一直单身，和一位管家住在一起。

家庭的“黑洞”

在霍金的家庭里，他们虽然有时候也会参加宗教活动，但是，绝对是自愿的，想信教就信教，不想信教也无所谓。

简和父母都是虔诚的教徒。当简来到霍金家里时，她觉得很难受，不知道该说什么。后来，她在回忆录里写道：“我不知道如何对待这些话，因为这些话似乎有某种共谋的味道，似乎在针对一个很重要而基本的问题——我的信仰。”

面对霍金的家人，简觉得和他们产生了距离，这种距离似乎遥不可及。当时的简以为，新婚都需要磨合期，不仅是夫妻之间，两个家庭之间也需要。她以为岁月会把这个鸿沟慢慢填平，心与心的距离也会缩短，但是后来，简才发现，两个来自不同家庭并且有不同信仰的人，距离只会越来越远。

另一个让简离开霍金的原因是，因为当霍金从科学家成为科学明星之后，带给简很多烦恼。成为科学明星的霍金，每天都要接受媒体的采访，简和孩子们也要配合“演出”。这让简开始受不了，她不愿意对着镜头伪装自己，那些拍摄出来的场景与家里的实际生活并不是一样的。当真实的生活被篡改的时候，她就只剩下厌恶的恶劣情绪了，时间久了，她想逃离。

有人说：霍金是带着光环的科学明星，简却不想成为科学明星身后的幕布，她希望能有一份稳定的工作，摆脱科学明星妻子的头衔，能够独立自强自尊地活着。作为一位知识女性，一位女博士，她更懂得，女人要想获得丈夫的尊重，除了必须要有自己的家庭地位，还必须有经济收入。

有句话是这样说的：经济基础决定上层建筑。在家庭里，虽然说夫妻是平等的，可夫妻间收入的差距，也会带来一些家庭问题。有时候财富的多少，就意味着一个人会生活在哪些群体里。富豪有富豪的阶层，中产阶级有自己固定的圈子，贫民也有贫民的阶层。随着霍金名气越来越大，出版的图书越来越多，版税给他带来了可观的收入。简想办法封锁消息，不让任何人知道霍金现在的收入状况。她这样做的目的就是不想失去现在的生活，失去那些与他们在苦难岁月里同甘共苦并且帮助过他们的朋友。一旦霍金的经济收入被公布出去，简担心会有一些他们不想交往的人登门拜访。

都说男主外，女主内。在霍金家里，似乎也是这样。自从霍金和简结婚后，霍金的精力都在研究方面，家里的财务一直由简管理。因为霍金一直坐在轮椅上，简每天都在精打细算地过日子，因为她也担心，假如有一天，霍金病重没办法工作了，那家里就没有稳定的收入了。如果没有钱，三个孩子谁来抚养，他们以后的生活该怎么办?

但是，随着霍金出版了畅销书，一切都开始悄悄发生改变。简后来在传记《飞向无限——和霍金在一起的日子》中，很清楚地写了她这段时间经历的事情。回忆这些事情，再把痛苦往事写出来，对于简来说，这滋味也是不好受吧!

《时间简史》一书的出版合同是1985年签订的。简与纽约的出版商联系，靠的全是书信，那些书信的内容都是关于霍金出版图书的版税问题的。突然有一天，简发现了一个重要的问题：霍金不让她管理关于版税的信件了。简急忙与纽约出版商进行了联系，得到的答复是，以后会把版税的信件直接邮寄给霍金，不再邮寄给她。

简在回忆录里写道："我不知道是什么造成了这样的改变，斯蒂芬什么都没解释。似乎经过了这么多年的相互信任，我能有效并谨慎地管理财务的能力受到了质疑。"接下来，一件让简不解的事情发生了：版税信件摆在桌子上，所有人都能看到，临时工也可以拆开并阅读霍金的私人信件，在简的心里，她认为这是霍金在她面前显示天才的权威。

那一年的春天，霍金去了美国，这是他的第二次美国之行。简终于有了自己的生活空间，她的生活变得规律起来。她白天当老师，业余时间会听音乐，有时候去参加讲座，还有学习的时间。她似乎不再生活在霍金的世界里，她找回了真实的自己，她不再感到疲倦，也没有了霍金成名后带给她的空虚感，家里也没有了喜欢和她争吵的护士。

周末的时间，简会陪着小儿子蒂莫西去丹麦的乐高积木城玩耍，那是蒂莫西最大的心愿。简终于满足了他的心愿，蒂莫西很开心。后来，他们全家还一起去了法国度假。在法国，简终于实现了自己的梦想，拥有了一座带有英国风格的乡村花园，还有一个专门给霍金使用的独立卫生间。在法国的那座乡村花园里，简是那样地沉醉其中，她在花园里种满了美丽的花朵。

简是如此深爱这座乡村花园，在她出版的自传《飞向无限——和霍金在一起的日子》一书中，她用诗意的语言描写了在那里的生活："在那里，剑桥的狂乱漩涡不复存在，取而代之的是悠闲而缓慢的生活节奏；那里有大地和天空，唯一的声音是云雀的歌唱，它迎着晨曦从绿色的草地直冲云霄，消失在蔚蓝色的天空之中。"

从简的字里行间，人们读懂了一个喜欢安静的女人的心声。自从霍金成名后，媒体和摄影机一直围绕在霍金和简的生活中，记者会时不时地出现在他们家周围，提出的问题有些是难以回答的。有人觉得，简喜欢的生活已经过时了，但是，她偏偏喜欢乡村，喜欢对着蓝天寻找儿时的梦幻，喜欢遥望无边无垠的天空，喜欢看着落日消失在树林里，喜欢那种惬意悠闲的生活。

简在花园里种植玫瑰，此时，她忽然发现，自己竟然能和伏尔泰小说里描写的人物找到共鸣，这的确是不容易的事情啊！面对生生不息的大自然，简的心胸开阔了很多，她开始对未来充满期待，她认为，她的未来完全掌握在自己手中。

当年，霍金在天文学研究所工作的时候，每到夏天，简经常带着孩子们去研究所看望霍金。天文台外面有片草坪，阳光照在草坪上，能闻到小草清新的味道，那抹绿色，映在眼里，就再也无法抹去。

简在自传里用优美的语言，写出了当年他们在草坪上野餐的情景："夏天，我和孩子们有时会去天文研究所探望斯蒂芬，然后我们在天文台外面的草坪上野餐。孩子们人还未到，清脆的嬉闹声已经抢先一步，穿过铺着长绒地毯的走廊，像一阵清新的春风飘到办公室，告诉那心花怒放的父亲，他的孩子们来了。斯蒂芬脸上的表情往往比他的语言更能表达他的心情。这个时候他的脸上总是挂满了笑容，那是对孩子们毋庸置疑的宠爱。"

在天文台周围，有美丽的花园和散发着诱人香味的果园，都安排了专门的人员来照看。简喜欢植物，尤其是喜欢各类花草。在家门前有个花园，花园里种满了玫瑰和百合，微风吹来，美丽的玫瑰和洁白的百合在微风中起舞摇曳。这是每个爱美的女人都想拥有的浪漫的家庭小花园，简觉得自己真的算是幸福的女人。

简还想在门前小花园种植蔬菜。于是，她带着孩子们，一边聊天，一边把种子撒到地里去。然后，就是定期给蔬菜施肥、浇水，看着蔬菜在太阳的照耀下，茁壮成长。蔬菜成熟的时候，尤其到了傍晚，简和孩子们拿着胡萝卜、豆子和生菜，走进霍金的办公室。这个时候的他在研究了一天的天体物理学之后，看到抱着蔬菜的孩子们，会很开心，然后简带着孩子们先回家，在家里等霍金回来。

到了 70 年代初期，小圣玛丽路已经不再是安静的地方了。由于那条路变成了繁华的街道，很多的货车都会经过这里，经常会发生货车误闯这条路，然后就是停在半路不能行驶，只能慢慢挪动。司机想把车退回到路口，倒车也是有危险的，让简害怕的是：有一次房子差一点就被货车撞翻了，汽车尾气充斥在每个房间里，那呛鼻的气味，实在让人难受。

女人恰似那奥妙的宇宙

简的《飞向无限——和霍金在一起的日子》一书封面上有两支暗色玫瑰，有很多人喜欢这种玫瑰，它看起来是那样神秘，有一种超凡脱俗的味道，从她的自传里可以读懂。霍金成为享誉世界的名人，简非但没有高兴起来，反而变得越来越苦闷。就在这个时候，她参加了圣马克教堂的唱诗班，并成为唱圣歌的女高音。在这里，她认识了一位音乐家——唱诗班的音乐指挥乔纳森。那时候，霍金的研究生开始照顾他，简就能抽出时间做一些自己喜欢的事情了。

乔纳森在得知简的丈夫是霍金以后，他提出要去当志愿者，表示愿意尽自己的力量去帮助他们。简同意了，乔纳森就利用空余时间去帮助霍金，乔纳森的到来确实让简轻松了不少。两个男人和一个女人一起生活，在一些不熟悉他们的陌生人眼里，便成了荒唐的事情。流言开始流传，终于在简生了小儿子之后，她和霍金父母的矛盾爆发了。

那天，在婴儿室里，简和霍金的母亲坐在那里照看婴儿，简想告诉霍金的母亲：乔纳森是来家里做志愿者的，他的妻子患白血病去世了，他一直在与痛苦搏斗，并无私地照顾霍金。但是，让简意想不到的事情发生了，霍金的母亲用冰冷的目光看着简，突然问道："简，你能告诉我，蒂莫西到底是谁的孩子？他真的是斯蒂芬的孩子吗？"

简愣住了，她没想到霍金的母亲会这样问她。她努力让自己的情绪平静下来，她说她没有和乔纳森做出过任何出格的行为，她一直爱着霍金，她不会抛弃他。

霍金母亲后来说了一句话，这也许就是导致两人最终分手的原因："我们从来没有喜欢过你，你不适合我们的家庭，也不适合做我们的儿媳妇。"

简听完这句话才终于明白：她要离开霍金了，不管她是否愿意。

1990年，霍金与简分居；五年后，两人离婚了。1997年7月，简和乔纳森举行了婚礼。后来，简离开英国来到美国的西雅图。当年，她曾陪着霍金在那里旅行，如今，她看淡了过去的一切，她要写一本自传。在英国的一个电视节目中，霍金向简表示了敬意，这个举动打动了简，她知道，在霍金的心里，他是感激她的，感激她25年的相伴。

离婚后还能平和地对待一切，不管怎样，对前妻抱着感恩之心，只有像霍金这样的人物才能做出这样的举动。霍金能解开宇宙的奥秘，却读不懂女人的内心世界。难怪霍金会在70周岁的生日聚会上公开说："女人完全是个谜。"

很多女人都想说："男人也是一个谜。"

在《霍金传奇》一书中这样写道："其实，女人并不是一个谜，而是霍金不可能细心去琢磨女人的内心。"

也许，这才是霍金两次婚姻失败的原因。但是，我们不能责怪他，因为他把所有的精力都用来研究宇宙了。

简曾经公开说：她不愿意写传记，传记会让她失去隐私。后来，她明白了一个道理：作为名人的前妻，无论她是否愿意，都已经没有选择的余地，无数的媒体记者都想挖掘霍金成名前后的故事和他活下来的奇迹。

关于那段25年的婚姻生活，简在自传《飞向无限——和霍金在一起的日子》里这样写道："但是我无法轻易忘却那25年生活在黑洞边缘的感受，无法轻易忘却那25年中取得的卓越成就，尤其那活生生的证明就是我们共同养育的3个漂亮可爱、适应力强、充满爱心的孩子。这是20世纪末期一个英国家庭的故事，大部分都是很普通的，和大部分人的生活没有两样，除了两个元素：运动神经元疾病和天才。"

霍金的二女儿露茜结婚后剖腹产下了一个可爱的男孩，名叫威廉。可爱的小威廉却被检查出患有孤独症，这让简和露茜都很痛苦。这又是一个挑战，但简和露茜都没有放弃对威廉的治疗，慢慢地，威廉能看到电视上的画面，能听到电视里传来的声音，他还在学校里获得了进步奖章。现在，威廉是个人见人爱的好孩子，遗憾的是，他还没有流利的语言表达能力，不能说完整的话。为了更多的像威廉这样的孩子能得到治疗，简出资建立了一个名为“支持神经回授疗法”的基金会，她希望这样的基金会能在英国普及。

如今，作为单身母亲的露茜，在事业上取得了很大的成绩。她写了两部小说《疲倦》和《突如其来的马拉松》，在报纸上发表了很多篇文章，还和父亲霍金合作写了一套名叫《乔治的宇宙》的系列丛书。

2006 年霍金和伊莱恩离婚后，他又开始和简以及孩子们来往了。他经常会去简的家里参加家庭聚会，有时候也去孩子们的家里聚会，这让简感觉，好像他们又回到了过去。

简仿佛又回到了那条街上，又看见了那个低头走路的男孩，那个男孩对她微笑着；她仿佛又坐在那辆“玻璃马车”上，带着他们的欢笑也带着他们的甜蜜去参加舞会；她仿佛又回到了两人的婚礼上，身披洁白婚纱，手捧花束的简和拄着拐杖的霍金站在那里，接受大家的祝福；她仿佛又回到了陪伴霍金的日日夜夜……

简在《飞向无限——和霍金在一起的日子》的自传里写过这样几句话：“当他在失重状态下悬浮在空中、摆脱一切束缚时，他脸上的笑容几乎能让群星动容。我也被深深打动着，我想，在他向着无限进发的征途上，我能够陪伴着他走过一段短暂的旅程，也是一种幸运。”陪伴是一种幸运，是一种责任，更是一种幸福，若能相携到老，便能相信岁月静好。

婚姻就是一场陪伴，有的人是一生只有一个人陪伴在身边，有的人在一生中却会有几个人陪伴在身边。每个女人在披上婚纱的那一刻，都希望今生今世只有一个男人陪在身边，但是，有时候，现实比想象要残酷得多。

所以，牵手以后的路途，一定要好好走。

在简的自传《飞向无限——和霍金在一起的日子》的结尾，简用心写道：“和西街 5 号的房子和花园一样，我们的生活也被铲除了，不过家庭的核心精神——事实上也是对我青年岁月的肯定——依然存在，尤其当我们大家还能相见并享受相互之间的陪伴时，这种精神展示了其不可撼动的权威。”

爱的反面可以不是恨

有趣的是，对霍金的人生影响最大的人，应该就是他的前妻简。爱情和婚姻有时是很玄妙的事——霍金是个理科男，简却是个文科女，研究西班牙文学的博士，而陪伴了这位举世闻名的无神论者四分之一世纪的这个女人竟然是一位相信上帝创造了宇宙万物的基督徒！

霍金和妻子在相守25年之后，分别爱上了别人，最后以一句“我爱过你，我尽力了”而结束。但许多人看了霍金和妻子简的故事后，真的被深深地感动了，原来爱的反面可以不是恨，而是得体告别，彼此祝福。

他们在爱情中难得保持了自己独立的灵魂和人格，一方面尽力捍卫自己的择偶自由，另一方面又给予对方更多温情的关照，在不爱的时候仍愿意陪伴对方度过人生灾难。

那一年，年轻的霍金，在酒吧遇到了简，酒吧里的理科男和文科女一见倾心，初见的荷尔蒙在两个年轻人的眼波中流转，他们很快就坠入了爱河。但霍金和简在一起不久，一次昏迷令霍金被确诊患上了罕见的重病，医生对简说，他最多只剩两年的生命。简用自己的行动，为这个不幸的问题做出了回答。她不仅是单纯地陪伴，还要不顾家人的反对嫁给霍金。嫁给这样一个生命岌岌可危的男人，需要的不仅仅是爱情，还有极大的勇气和担当。

在简的父母极力反对他们的婚姻时，她温和而坚定地说出了这一句话：“我看起来不像是一个非常坚强的人，但是我爱他，他也爱我，我要和他一起战胜这个疾病。”而简的日子也并不好过，婚后面对生活的琐碎和一地鸡毛，一边照顾孩子一边照顾霍金的简显得越发疲惫。此时，她对霍金的爱其实早已化成了肩上的责任。那些曾经信誓旦旦的诺言和熊熊燃烧的激情，在现实的生活面前，被磨蚀得千疮百孔。

当简最无助的时候，乔纳森出现了，他帮助简照顾霍金和孩子，在她最为绝望的时候给这个家庭重新带去生机。在此期间，两个人心生爱慕，但彼此克制。后来，霍金的病情恶化，丧失了语言能力，人生又一次跌入了低谷。简毫不犹豫地选择守在他身边，做他绝处的扶手，就算放弃乔纳森的追求也在所不惜。

简和霍金的婚姻持续了整整25年，在简的陪伴下，霍金从一个患上罕见病症而四肢逐渐失去知觉的大学生，摇身变成了坐在轮椅上，靠非凡思想影响全世界的著名科学家。也就是在霍金功成名就的时候，他选择和照顾自己的职业护士共度余生，而与陪伴自己半生的简离婚。当两人再次相遇，霍金和简摊牌，坦言已经决定和护士伊莱恩结婚。

简没有挽留，她对霍金说："我爱过你，可我尽力了。"

没有人会怀疑这句话，她对霍金几十年的照顾和陪伴，是女人一生最奢侈的时光，也是很多男人生命中不能想象之重。

人们尽管没有说出来，但都以为：霍金生命的期限就是他们婚期的长短。但是从 1965 年他们结婚起，经过了 25 年多的婚姻，生育了二男一女，饱尝了生活的琐碎和艰难，造就了一个轮椅上的宇宙学天才之后，简与霍金分手了。在这段日子里，他们是怎么过的？

"除了身体方面的问题，我们的关系也不是很协调。在智力方面，斯蒂芬是一个巨人，总是认为自己绝对正确，而我也一直顺从他；在身体上，他是那么无能为力，那么依赖别人，和任何一个新生婴儿一样。对于他，我扮演的完全是母亲的而非爱人的角色：我为他喂饭、洗衣、洗澡、穿衣服、梳头和刷牙。我已经承担起他生活的所有方面，包括他的外表打扮。我渐渐地变为一个全能的母亲角色。

"秋天，有朋友建议我该离开斯蒂芬了。无论她的动机如何，她的建议让我觉得很不恰当，也不合时宜。当然，那种解决办法可以干净利落地把我逐出斯蒂芬家。她似乎并不明白我不能离开斯蒂芬，就像不能抛弃孩子一样。我不能拆毁自己用乐观的热情建立起来的家庭。毁坏我的家庭等于毁坏了我一生的成就和自己的生活。

"我把自己看成是一桩婚姻的组成部分，那种婚姻已经从两个人之间最初的结合发展成为大规模的网络，不但包括父母和孩子，而且包括祖父母、忠诚的朋友、学生和同事，就像一个花草植物繁茂的花园一样。"

婚姻带来了意义深远的责任，远远超过了建立婚姻关系的两人的个人需要。故事的最后，简也选择了再婚——和乔纳森喜结连理。

他们的爱情，不因身体的残疾而抛弃，相守度过最艰难的时光；同时也不因残缺而互相制约，各自保留追求幸福的权力。婚姻不能够以离婚来论成败，但却能以道义和良知来定义爱情和人性。

这种爱情与良知无缝焊接的陪伴，在这个连普通人也朝三暮四的不安年代，显得比金子还要珍贵。霍金能活到 76 岁，本身就绝对是个奇迹，而

曾经支撑他与顽疾绝症搏斗的，一定包括了被简的榜样所激励的信心。

简自己毫不隐讳且多次在接受采访时强调当年支撑她的信心来自自己对上帝的信仰。她说："如果没有对上帝的信仰，我不可能从那样艰难的处境中熬过来，我从一开始就不可能跟斯蒂芬结婚，因为我不可能有帮助我渡过难关的乐观精神，更不可能保持那样的精神。"简服侍、照顾霍金 25 年之久，一天 24 小时、一周 7 天看护他，推着轮椅带他到各地旅行，还要照顾几个孩子、操持其他家务。25 年的时间，她看着他从默默无闻的研究生变成"世界上最伟大的科学家"。

然而令人伤感的是，霍金与简的婚姻并不是一个美丽的童话。霍金长年的残障给他和简的生活带来了深重的磨难，也对两个人的性格产生了严重的影响。随着霍金的名气越来越大，他的脾气越来越骄横、古怪、孩子气、贪图享乐、自我，简也得了忧郁症甚至有自杀倾向。

简后来也重新结婚，嫁给了她的教会的唱诗班指挥乔纳森。2009 年霍金因呼吸道感染病重，简还带着女儿到医院看护。

除了残障的苦难和性格的不和，信仰不同、世界观彼此冲突也是霍金与简的婚姻恶化的原因之一。2004 年，简出版了她回忆跟霍金的婚姻生活的书《舞动星宿的乐曲——跟斯蒂芬一起生活》，书中不仅坦白地谈及他们婚姻的难处和简自己的挣扎，也有大量的篇幅论及他们之间的信仰和世界观的冲突。不过，霍金多年的女秘书在该书出版后公开反驳了简在书中对霍金的负面描述，并指责简照顾霍金并不尽心。在他们婚姻的早期，简和霍金关于信仰的争论还有点夫妻拌嘴的味道，但到后来这方面的冲突越来越激烈、痛苦、具有伤害性，仿佛科学与信仰的战火烧进了婚姻的家门。每当简想跟霍金深入讨论关于科学与信仰的问题时，霍金都抱以嘲讽的微笑，令简倍感不被霍金尊重而绝望伤心。他们刚结婚的时候还有一些共同的朋友可以一起享受"谈笑皆鸿儒"的知性愉悦，但到后来霍金的朋友圈子越来越窄，只跟一帮"干燥、无趣、偏执"的"教条主义无神论者"科学家相投，简觉得索然寡味。

简兴趣广泛，更不是一个愚昧无知、没有思想的妇人。恰恰相反，她有极深的哲学、人文功底，而且因为二十多年来受霍金和他的这帮无神论科学家朋友的耳濡目染，她对现代科学的发展及霍金等人的信仰非常了解。

在《舞动星宿的乐曲》中简对科学与信仰的议题有非常深入的讨论，从中也让人能体会到她跟霍金之间的信仰冲突给婚姻带来的裂痕之大、伤害之深。简对霍金的无神论信仰的认识可以说是入木三分。霍金为维护无神信仰提出了“人择理论”来抵抗现代科学发现（特别是大爆炸）指向创造者的“神学意味”。

简指出，这不过是因为霍金这样的无神论科学家以把宇宙的起源还原成科学定律和数学公式作为最终目标，对他们来说，上帝的存在是一种“尴尬的障碍”。那种把人类复杂的感情和心理反应，还原成科学公式和分子间的化学反应的还原主义，跟简身上的人文气质格格不入。她说：“音乐、艺术、政治和科学创造中的属灵微妙远远超过任何能植入人脑的、作为一种基本生存机制的原始功能。”简不接受理性是认识宇宙的唯一途径，更对一些“以科学教最高祭司自居”的人用科学取代宗教、迷信“科学万能”的傲慢与偏见不以为然。对甚至连人的利他行为也用自然选择来解释的“动物行为论”，简不但质疑其科学性，更指出其虚无主义的实质。霍金不相信上帝，但却相信11维时空、弦论、多宇宙、外星人存在、地球即将毁灭等同样无法证实的理论。简形容这是一种“关于想象中的粒子在想象中的时间中穿过魔镜般的宇宙”的“只存在于理论家头脑里”的玄学，并对竟然有人因此膜拜霍金甚至把他视为绝对正确的“神明”而感到悲哀。只有一次在他们夫妻争论信仰问题的时候，霍金承认他的“宇宙科学”跟宗教一样需要“信心的跳跃”。

当霍金不断宣称他的宇宙里没有上帝、对信仰嗤之以鼻的时候，简觉得非常讽刺。她说：“我跟霍金一起生活就是以信心为根基的——我相信他的勇气和天赋，相信我们会共同努力，我的信心的终极就是宗教信仰。”

来到加州理工学院

在霍金的残障和他们婚姻的不和带来的苦难之中，简在自己的宗教信仰和教会中找到了一些慰藉。苦难也迫使她对恶的来源、对罪、对自由意志等问题有了很深刻的思考。但很多时候她也有很深的挣扎。很多时候她困惑地问自己：“上帝到底要我付出什么？他到底要我做出多大的牺牲？”她努力在“黑暗、痛苦和恐惧之中倚靠上帝”，也试图跟霍金分享自己的心灵感受，但霍金只要一听到“恩慈”“怜悯”等基督教意味的字眼就怒气冲冲，嗤之以鼻，好像受到侮辱一般。

在他眼里，这样的“教徒的多愁善感”是懦弱、愚昧的表现，是他最鄙视的失败者的行为。最近几年经历几次“大难不死”后，霍金变得更加桀骜不驯，心变得更加坚硬冰冷，而简最终也没能脱离“与不信的人同负一轭”所带来的悲剧。

有一点简肯定是对的——人类的心灵如此的奥妙，绝非数、理、化公式可以全然测透。尽管霍金在科学上的成就令人景仰，但他大半生经历残障的苦难，本身已是不幸。而虽然简是基督徒，但是他们的婚姻最终还是失败了，就更是悲哀。这些对霍金的信仰和对上帝的看法到底有什么样的影响，局外人恐怕难以推测。

苦难带给人的心灵的影响各有不同。有些人的心在苦难的磨炼中可能变得更加柔软，对他人更有悲悯、同情和爱心，苦难反而使他们与上帝更加亲近，对上帝的信仰成为他们跨越苦海的桥梁；但也有些人的心在苦难的煎熬中可能变得更加刚硬、冷漠、怨天尤人。

婚姻的难处也是一样。有的夫妻在难处中山穷水尽而不得不呼求上帝，结果反而绝处逢生让婚姻死而复活；但也有的夫妻在彼此的伤害中不能自拔，在怨恨与苦毒的泥沼中越陷越深。霍金也许是个优秀的科学家，但科学无法给人道德的动力，科学也无法挽救走向死亡的婚姻；简也许是个有思想的基督徒，但很多时候即使信仰者也有软弱和无奈。他们两人长年在信仰上的冲突和纠结，跟感情、生活上的不和与纷争交织，最终分道扬镳越走越远，这无疑给围观的我们留下伤感的悲剧。

霍金与爱人

但这才是真实的人生和人性，物理公式无法还原，11维空间的遐想毫无帮助，粉丝的神化膜拜也终会幻灭梦醒。有时我难免会想，也许，上帝给霍金一个残障的身体和一段失败的婚姻，是为了给我们这些凡夫俗子一些微声提醒？但愿我们的心灵不会听而不闻。霍金在天体物理学中默默努力着，他顶住了来自物理学界某些人的歧视，也顶住了各种各样的压力，克服了疾病带给他的折磨和痛苦，集中所有的精力，在天体物理学界拼搏奋斗。

霍金的刻苦和努力，终于给他带来了丰硕的成果。在32岁那一年，他入选皇家学会。简在她的自传《飞向无限——和霍金在一起的日子》里对霍金入选皇家学会是这样描写的："次年春天，年仅32岁的斯蒂芬入选了皇家学会，这是前所未有的。17世纪时，还有12岁就入选皇家学会的例子，但在那个年代，衡量标准是身份地位而非学术功绩。"

在英国，每位专家学者都渴望能成为皇家学会院士，这对学者们来说，那是至高无上的荣誉。以前入选皇家学会院士的专家，都是获得过荣誉博士头衔的专家，而且还在科学顾问委员会任职。在简的眼里，似乎只有这样的专家才能获得这项荣誉。这项荣誉对于科学家们来说，仅次于诺贝尔奖，也是能给科学家带来荣耀的最高奖励。

3月中旬，霍金接到入选皇家学会的通知，不过，离对外界正式公告的时间还有几个星期。简决定趁着这段时间给霍金准备一个意外的惊喜，那就是给他准备一个派对，她知道，霍金是个喜欢热闹的人。

派对前，简邀请父母和朋友在家里举办了家庭聚会。他们吃的是自助餐，喝的是1945年生产的"拉菲酒庄"葡萄酒，这种酒是凯斯学院专门提供给学院研究员开派对用的，价格也很贵，一瓶酒标价是45先令。

这次参加自助餐的人不是很多，原因不是因为家里的地方不够大，也不是因为刀叉的数量不够多，而是因为只有两瓶好酒，每人只能品尝一口。

1974年3月22日，那是一个美丽的夜晚，皎洁的月亮高挂在夜空中，洒下点点银光。在凯斯学院高贵典雅的会客厅内，简为霍金举办的派对开始了，学生们推着坐在轮椅上的霍金来到学院，他的家人、同事还有学生，都在向他欢呼，此时的霍金，感受到的是英雄凯旋的味道。

两个可爱的孩子跑过来，把美味的食物端给来宾，有酥皮馅饼、芦笋卷、烟熏三文鱼，还有上面抹了美味鱼子酱的烤面包。这些美味佳肴都是凯斯学院的厨师们制作的。有位教授把霍金在科学方面取得的成就一一讲给大家听，然后举杯向霍金祝酒："斯蒂芬，如果你不能得到皇家学会这个荣誉，那么你在科学方面取得的成就也能让你对未来的生活充满信心。"

此时，简和孩子们站在那里，他们的脸上带着灿烂的微笑。在简的眼里，丈夫是最棒的；在孩子们的眼里，虽然爸爸不能到处行走，不能陪着他们做游戏，不能陪着他们旅游踏青，不能陪着他们在大海里游泳，但是，他们的爸爸比任何人都厉害，他不用计算机，就能在大脑内计算出复杂的数学题。

接着，霍金在凯斯学院的派对上进行了讲话。他和简结婚之前，是不习惯在公共场合讲话的；和简结婚后，渐渐地习惯了在公共场合讲话。在派对上，他没有准备任何演讲稿。那天晚上，霍金用微弱的声音讲了很长时间的话，他说话非常慢，但是吐字还是很清晰的。他谈到在剑桥十年的学习和研究生活，他的研究都是以一种不同寻常的方式展开的，那都是不可预见的；他感谢丹尼斯·夏玛对他的支持，也感谢夏玛对他的启发，感谢朋友们能抽出时间参加他的派对。

对丈夫的发言，简在心里有些小小的失落。她心里特别期待霍金能够转过脸来对她微笑，或者说几句表达对她的感谢的话，感谢结婚以来她对他的照顾和对他付出的爱，感谢她陪伴他走过的青春时光。遗憾的是，这次派对上，自始至终，霍金都没有想到要感谢妻子。后来简以为，那个时候霍金可能太激动了，把她和孩子们暂时忘记了。

此时，站在一边的简看着大家都在对霍金鼓掌，便把那种失望悄悄埋藏到了心底，她也是真心替丈夫高兴。两个可爱的孩子还是那样的快乐，他们太小，还不懂什么。派对带给孩子们的是热闹和美食，热闹可以满足孩子们的精神世界，美味的食物满足了孩子们对美食的渴望，这样的聚会，最开心的应该是孩子。

皇家学会新入选学者名单终于公布了。刚刚公布的那周，霍金就接到了美国加州理工学院的邀请函，邀请霍金担任访问学者，待遇非常优厚——一份不错的薪水，一座宽敞的房子，里面的家电样样都有，不需要交纳房租，还有一辆轿车，可以随便使用，还专门为霍金准备了电动轮椅，保证霍金在美国加州可以自由行动。这就意味着霍金将要在美国加州开始一年半的生活。

加州理工学院还为霍金准备好了医务和理疗设备，两个孩子可以在加州上学。此外，霍金的两个学生也被邀请一起去。那时候，简和霍金都认为，他们的生活需要做出改变，改变会给这个家庭注入新的生机和活力，能开阔眼界，孩子们也能得到去美国加州学习的机会。那时候，去美国对孩子有好处，因为露茜还不是小学生，而且从明年开始，罗伯特就不上公立学校了。

那个时候，霍金在剑桥遇到了很多危机。简的一位好友告诉她，在一次聚餐会上，一位资深研究员来到简的好友身边，他的脸上带着冷漠的表情，对简的好友说："你想知道斯蒂芬教授未来在剑桥的命运吗？如果他想继续留在剑桥做研究，那就做好他的本职工作，不要整天发表一些奇谈怪论，不要说什么黑洞并不像它们看上去的那么黑。如果他不本分做研究工作，那就要离开剑桥。"

当好友把这些话告诉简的时候，简就开始为霍金的未来担心了。如今，他们接到美国加州理工学院的邀请去做一年半的访问学者，这对霍金来说，是一件改变他命运的事情。一年半后，因为霍金在美国加州大学受到尊重，剑桥又重新对他发出了返回的邀请，抛出了橄榄枝。重新返回剑桥的霍金，又受到了应有的尊重。

美国加州理工学院是一所知名的私立大学，该校建立于 1891 年，位于加利福尼亚州的帕萨迪纳，学生不算很多，在校的本科生有 900 多名，在校的研究生有 1000 多名，它在全世界的理工类学院中是最顶尖级的，有 31 个人获得过 32 次诺贝尔奖，是一个精英集聚的地方。家喻户晓的 CBS 美剧《生活大爆炸》的背景地就选在美国加州理工学院，加州理工学院的物理排名全美第一。

简去美国加州之前最大的心理问题就是要克服坐飞机时的恐惧——这一次，她必须勇敢面对飞机恐惧症，她还要照顾好两个年幼的孩子。而且，简的心里还埋藏着一个更大的恐惧，这次去美国，她要照顾霍金还要照顾两个孩子，她要照顾他们一年半的时间。在英国，简在生活中遇到困难可以求助父母和邻居，可是在美国，万一她生病了，那可怎么办？谁来照顾霍金和孩子们？

简忽然有了一个很好的想法，邀请霍金的学生们一起去加利福尼亚州，请他们一起住在宽敞的房子里，有他们帮忙照顾霍金，那问题便迎刃而解了。她有了这个想法以后，感觉心情舒畅了。这些学生的帮助对霍金来说，是不可缺少的。霍金无法自己吃饭，这就需要有人一日三餐给他喂饭。

简把这个想法告诉了霍金，霍金却拒绝了。但是后来，霍金经过仔细考虑后，还是同意了让他的学生来照顾他，因为他明白能不能去加州，取决于他是否能找到照顾他的人。简能敞开心扉说出她的难处，他就应该体谅并尽力替她解决。

简很快把这个好主意对霍金的两个学生伯纳德·卡尔和彼得·德阿瑟说了，两人考虑后愉快地同意了。

就这样，一行六人怀着对未来的希望飞往美国了，他们的人生也开启了一个新的篇章。在凯斯学院举行宴会的时候，一位厨房主管曾经对霍金夫妇说：每次学院里举行宴会，给霍金夫妇安排座位都是一个难题，因为没有人愿意和他们夫妇俩坐在一起用餐。但是，在霍金和家人到达美国洛杉矶的时候，他们却受到了资深学者们的欢迎。

有一位名叫玛丽·卢的女士主动和霍金夫妇打招呼，她虽然个子不高，皮肤是棕褐色的，但她脸上的笑容灿烂温暖。这是在一个派对上，参加派对的都是居住在美国的英国人，此时，霍金和家人到达洛杉矶只有一个星期，对他们来说，从冰冷潮湿的地方来到温暖的地方，他们的心情很好。但是，由于来洛杉矶的时间不久，他们还不适应这种直接交流的方式。当年，他们在剑桥参加派对，用了十年的时间，才让大家认识他们。

很快，霍金夫妇离开洛杉矶来到了美国的加利福尼亚州，开始了他们的新生活。兴奋的简给她的父母写了一封信，信中，她表达了自己此刻的心情："亲爱的爸爸妈妈，一切都太令人兴奋了！飞行时间很长，但是和上一次飞越北极之行相比要顺利得多……飞机在英国时间凌晨两点降落，我们顿时精神一振，睁大眼睛看着眼前陌生而新奇的一切。"

当霍金夫妇到达了他们位于加利福尼亚州的家门前的时候，简发现这幢房子看上去是那么漂亮，夕阳西下，落日的光芒照在窗子上，闪烁着五彩的光。屋内非常宽敞，有很大的沙发，卫生间有好几个，那些仿古的家具都是崭新的，甚至毛巾和瓷器还有厨房用的东西，看上去都很像古董。

这幢房子离霍金的办公室很近，对面就是孩子们上学的学校，这简直是太方便了。此时的霍金也特别开心，因为他的电动轮椅很好，他正在学会如何操控它，这个电动轮椅最大的特点就是速度很快，他可以自己操控轮椅，这样行动比以前方便多了。

这幢房子还有一个花园，几位园丁在整理草坪，给草坪浇水，他们采用的是地下灌溉系统，这就不需要再用喷水壶了。早晨，当简和霍金来到露台上，他们看到了美丽的景色，这些景色在英国是看不到的。

1974 年 12 月，简的父亲退休赋闲在家。于是，简的父母来到加利福尼亚州，想和霍金夫妇一起住几天。在加州的日子，霍金夫妇很忙碌，他们要接待很多客人。霍金的博士生也来了，和霍金住在一幢房子里，会帮助简照顾霍金的起居。后来，他找到居住的地方，搬了出去。

在美国的加州，简最开心的事就是终于能得心应手地驾驶汽车了，即使去商店买了很多东西，店员都会面带微笑地把商品包好，再帮忙搬到车上。最有意思的是，7 岁的罗伯特成了优秀的导航员，他拿着高速公路的地图，就能很清楚地给简指明方向，并告诉她应该在哪里拐弯。

在快乐美好的时光里，两个孩子要上学了。这是孩子在帕萨迪纳第一天上学，简很担心孩子们能否适应学校的生活。早晨，简把两个孩子送到学校的大门口。中午，简去接露茜，露茜在小学的幼儿园学习。中午，接孩子的妈妈们都开着私家车来到学校大门口，这些车停在门口，排成了队。

停车的道路上站着一个门卫，轮到简接露茜了，简把露茜的名字告诉了门卫，门卫手拿喇叭冲着学校大门高声喊着露茜的名字，喊了好几遍，也没看见露茜的身影。这时候，来接孩子的家长都在议论，是不是孩子被人绑架了？家长们有了这个想法，吓坏了院长和老师们，校门口开始有点乱。

于是，院长、老师还有家长们，开始在学校内到处寻找露茜。后来，露茜从学校走了出来，原来她在学校里吃了午饭后，在操场上玩得太开心，忘了回家的时间。幸亏露茜找到了，简才从紧张的情绪中解脱出来。

霍金很喜欢现在的生活，办公室里有空调，学院和家里都有斜坡，他能自己操纵轮椅进出自由，终于找到了对他来说很必要的独立的感觉。在这里，霍金有秘书，还有一位理疗师，照料他的工作和起居。

在美国加州理工学院，霍金感受到尊重，两个孩子也喜欢在加州的生活。在加州，房间内的电视机是彩色的，而在英国，他们只能看黑白电视机，而且那台黑白电视机也已经坏掉了。有了彩色电视机，霍金和简看了很多的电视系列片。当霍金刚刚看完英国系列片《人类的攀升》的时候，他得到消息，教廷科学院授予霍金庇护十一世奖章。刚开始的时候，霍金想拒绝这个奖项，因为他看到在《人类的攀升》中，伽利略被带到梵蒂冈审讯，最后，伽利略被终生软禁在梵蒂冈。但是后来，霍金还是去梵蒂冈接受了奖章。

当年，在加州理工学院物理系有两位获得诺贝尔奖的科学家，一位名叫理查德·费恩曼，一位名叫默里·盖尔曼，两个人因为竞争导致关系恶化，关系很不好。在每周研究班，盖尔曼刚开口说道：“我只不过要重复去年曾经做过的讲演。”

费恩曼一听到盖尔曼这话，立刻站起来就走。等到费恩曼离开后，盖尔曼继续说道："现在费恩曼离开了，我可以讲我想要讲的东西了。"

在加利福尼亚，霍金和这个学院的一位研究生唐·佩奇一块儿从事研究工作，研究霍金预言过的从黑洞来的辐射能不能被观察到。

之后，霍金带着团队去达拉斯开会，简和孩子们留在家里。一天晚上，简在睡梦中，突然床不停地摇动起来，她醒过来，开始感到害怕，躺在床上不能动了。但是很快，简就反应过来，急忙跑到楼上去看护孩子们，孩子们还在睡梦中。简又回到自己的房间，刚躺在床上，床又开始摇晃起来。

终于，地震过去了。圣诞节那天，简和父母在加州团聚了，霍金也回到了加州，霍金的妹妹菲利帕也来到了加州，他们在家里开圣诞派对，一直玩到凌晨两点，大家才各自回屋休息。圣诞节过完，紧接着就是新年。新年那天，简和家人一起去帕萨迪纳看游行，然后又陪着孩子们去迪士尼痛快玩了一天。在美国加州的日子是充实快乐的，霍金在工作中过得很充实，孩子们在学校过得很开心，简也越来越开心了，虽然，她总是遗憾没有工作。

在当年的美国，妇女如果没有工作，在别人的眼里，那是很悲哀的事情。没有工作，没有事业，又不是科学天才，这些让简很难受，但是，她要照料霍金和孩子，参加各种活动，根本没有时间也没有精力工作。于是，她开始去图书馆借书，希望自己不落于人后。

在全家去海边度假的时候，霍金和同事在一边交谈，孩子们在沙滩上快乐地玩耍。简看着丈夫和孩子，又抬头望了望广阔无垠的大海，陷入对自己人生的沉思。她有了孩子，有了获得很多荣誉的丈夫，但是，她却没有感到与丈夫分享成功的快乐。简为了孩子，为了丈夫，默默奉献着，当霍金实现了梦想的时候，她却开始迷茫了。她在回忆录中说她迷失了自己，她感到自己得不到应有的尊重；她参加各种社交活动，也许就是想大喊那句话："请也注意我！"

对于女性，尤其是知识女性来说，家庭是重要的，事业也是重要的。如果一个女人没有工作没有事业，整天围着丈夫和孩子转，当孩子长大了，女人会有失落感。很多女人都是在失去工作的时候同时也失去了丈夫的爱，这并不是偶然的，也绝非巧合，而是因为男人更喜欢独立的女人。

▶ 第二次婚姻

伊莱恩与霍金的接近源于她的前夫梅森。1985 年，霍金因严重的肺部感染不得已被切开了气管，再也不能说话，24 小时需要专人照顾。能干的机械师梅森为他设计了世界上第一个电子发声系列，他的妻子——护士伊莱恩也因此成了霍金教授的私人护理，人们说，“那时的她温顺至极，却早打定了接近教授的主意。”

搬进霍金家后，她很快离开了共同生活 15 年的丈夫和两个年幼的儿子。伊莱恩掌权后，她做的第一件事是以节省开支为由将大部分护士换成了护工，另一个原因她没说出来——“她不喜欢让与她掌握同样技巧水准的人护理她的丈夫。她要抓紧一切向他表白，她才是值得依赖的人。”

“她的占有欲是如此强烈，甚至对他踩在脚下的地板都有着古怪的敌意。所以你不难理解她是如此嫉妒他的孩子，和其他一切他身边的人。”结果，霍金和妻子简之间点燃了争吵的火焰，甚至一发不可收拾。

1990 年，霍金申请与陪伴了他 25 年的简离婚了。他与伊莱恩的婚礼在 1995 年正式举行，简和霍金的三个孩子无一出席。

1995 年，全身只有两个手指和眼睛能动的霍金再婚了！而他的新婚妻子竟然是由简请来照顾了霍金多年的女护士伊莱恩。

霍金与伊莱恩的结合从一开始就被蒙上阴影。这不仅因为伊莱恩在嫁给霍金前刚刚和前夫离婚，更因为一直保留着霍金姓氏的简公开指责伊莱恩是她婚姻的“第三者”。

霍金与第二任妻子伊莱恩·梅森

2003 年 8 月，霍金的女儿露茜发现父亲被人反锁在户外，不仅引发了他的心脏病，而且身上还有无法解释的青紫伤痕，她立刻报了警，但霍金仍然拒绝接受警方的调查。后来，露茜说虐待她父亲的人就是伊莱恩，她嫁给父亲的唯一动机就是为了钱。

简曾多次在不同场合愤怒地抨击伊莱恩，说一切都是她精心策划的“阴谋”。有一次在香港演讲时，霍金被问及语音合成器为何会用美国口音时表示，曾经考虑试用法国口音，但最终也没有改用，他幽默地解释说：“如果我用了，我妻子会与我离婚。”没想到一语成谶。

霍金的名著《时间简史》发行千万册，这为他带来了至少 400 万英镑的收入，当时，这笔巨款也正成为夫妇俩争夺的焦点，这更引发了世人对伊莱恩嫁给霍金动机的种种揣测。对此，霍金的女儿始终认为伊莱恩的出现更多像是“有备而来”，而不是真的因为对父亲的感情。

2000 年就传出霍金可能在身体和心理上遭受伊莱恩双重虐待的消息。至少有 3 名给霍金做过护工的女子称，伊莱恩性格跋扈，经常虐待丈夫。其中一人说，她曾看见伊莱恩殴打霍金；另一个说霍金害怕单独和妻子在一起，并称后者曾经骂他是“傻瓜”“笨蛋”。而霍金的家人、朋友也曾发现他身上有多处神秘外伤，包括手臂手腕折断、脸部被割伤等。甚至有人发现，被“扔”在轮椅上长达数小时的霍金在住所花园被过度曝晒而严重中暑。

2004 年 1 月，剑桥郡警方对霍金受虐传闻进行调查。霍金对虐待之事从来不肯透露半点儿口风，而且还与夫人伊莱恩一样，威胁身边人不准向警方吐露实情。由于霍金本人不配合，刚启动的调查被迫中止。但霍金的子女们认为，绝顶聪明的霍金必定有“难言之隐”。而这一次婚姻的解体，也许就是矛盾爆发的结果。

据英国媒体报道，2006 年 10 月 20 日，64 岁的天才科学家斯蒂芬·霍金向剑桥郡法院提出申请，终止他与 55 岁的第二任妻子伊莱恩为期 11 年的婚姻。法律材料显示，霍金提出离婚的理由是“两人婚姻破裂，且夫妻二人均对此事实没有异议”。

▶ 霍金的大爱

霍金曾说过：“人类基因中携带‘自私、贪婪’的遗传密码，破解这种遗传密码很难，但是，如果地球上的每个人都能心中有份大爱，就能战胜更多的自私和贪婪。纵观古今，很多人触犯法律都是因为心中的自私和贪婪，贪婪让人变得疯狂，自私让人变得狭隘。自私和贪婪就像魔鬼，它们吞噬着人类的良知，吞噬着美好和善良。”

英国著名作家托尔金，曾经在他的畅销书《霍比特人》里，对贪婪和自私进行了鞭挞。在这个故事里，他讲述了矮人国灭亡的经过，以及矮人国王对财富的贪婪导致最后亡国的悲剧命运。

霍金成名后，名气带来了巨大的财富，但是霍金并没有一般人对财富的那种渴望，他去世界各地演讲，都可以得到报酬。有一次，霍金在艾伯特大会堂进行演讲，但他一分钱也不要，而是把所有的收入都捐给了运动神经元疾病研究机构，积极地做慈善事业。从 90 年代开始，霍金到处做慈善活动，把钱都捐给了身体有残障和患有运动神经元疾病的人，他不仅自己去做，还借助媒体宣传，呼吁更多有爱心的人都来关爱他们。

在霍金患上运动神经元疾病后，他心里的痛苦只有他自己能懂。后来，当他得知世界上还有很多像他一样患有这种疾病的病人后，他就有了目标：只要他活着，他就要献出他的爱心，帮助那些和他一样面临不幸的生命走出病魔的阴影。

霍金的前妻简在她的回忆录《飞向无限——和霍金在一起的日子》中，曾写过这样一段话：“1970 年，政府通过了《慢性病患者和残疾人保障法》，尽管这在全世界范围内被当作是为残疾人争取权益所迈出的重要一步，但是在之后很多年，政府都拒绝了全面施行这个法案，于是那些本已处于困境中的人们不得不自己行动起来，为法案在地方上施行而奔走呼号。”

霍金和简都是有爱心的人，申诉一直没有结果，于是，夫妻二人开始行动。简把还是小婴儿的露茜放在吊兜里背在身上，推着坐在轮椅上的霍金，只有三岁的大儿子罗伯特在他们身后跟着。一家四口走上大街，他们这样做，不是在无理取闹，而是在为残障人士争取更多的权益。

霍金居住的这个城市，到处都有台阶。简的力气不大，既要抬着轮椅上台阶，还要抱着小婴儿，这对她来说，真的是非常困难的事情。有时候，简实在没办法，只能向周围的人求助。让简感到开心的是，很多时候，都是别人主动上前帮忙的，也有人会感到惊讶，问简给霍金吃了什么东西，看起来很瘦，实际上却很沉。

霍金夫妇写给市政府的信件没有得到答复，这让他们很气愤。简认为那些官员不能理解为什么残疾人还要去位于市中心的超市买内衣，认为在超市建立残疾人专用通道是没有意义的。霍金夫妇觉得政府官员对待残疾人是不公平的。于是，简在回忆录里质问当时的政府官员：“为什么那些目光短浅的官僚要让他的困难变本加厉？”并且在书中指出：“那些官员就是 20 世纪 70 年代英国的祸害。”

经过霍金夫妇的不懈努力和斗争，艺术剧院和电影院终于有了可以放得下轮椅的特殊观众席；后来，大学和很多学院修建了专门供残疾人使用的通道；英国国家歌剧院也修建了残疾人特殊通道。有一天，霍金去皇家歌剧院看演出，剧院门口站着的两位年纪稍大的服务人员赶忙过来，想帮助简搬轮椅，结果，他们失手了，霍金从轮椅上摔了下来。

很多年后，当霍金成为名人的时候，市政府才开始到处修建起残疾人通道，态度比以前也有了很大的改善。有些学院不肯为修建残疾人通道而投资，有的理由是缺少资金，有的理由是学院不能为了修建残疾人通道破坏历史建筑。在学院这样的地方，轮椅要想进入学院的食堂，必须通过厨房。每到吃饭的时候，厨房里堆满了杂物，放满食物的餐车也摆在那里。就这样，当简推着霍金来到食堂，找到位置坐下来吃饭的时候已经晚了，很多人对他们投来鄙视的眼神，这让简心里很难受。

即使出去散步，那些坑洼的道路，也会成为阻碍他们前行的障碍物。有一天，意外发生了，简推着霍金出去散步，露茜坐在父亲的腿上，走着走着，轮椅的前轮卡在了路上的沟里，霍金和露茜同时摔倒在路上。

后来，政府开始给残疾人一些福利。有一次他们得到一个消息：残疾人如果有驾驶执照的，可以把办理驾照的钱要回来。简知道这个消息后，急忙找到霍金的医生询问这件事情的真假，得到的答复是：这种事情没听说过。又过了好几年，这个政策才真正实施。

很快，霍金有了电动车，他能自己控制电动车，虽然他的行动还是受限制，但是电动轮椅解决了他的出行问题。这种残疾人电动车的速度比自行车要快，只是它的性能还不稳定。虽然有人指责电动车的坏处，但自从有了电动车，霍金开心多了，他想去哪里就能去哪里。晚上下班回家的时候，把电动车停在家门口，然后，他就坐在电动车上按动车铃，罗伯特听到车铃的声音，就会从家里跑出来，迎接父亲。

电动车的坏处是：它经常会出现问题。有一次，电动车忽然翻倒了，把霍金吓坏了，值得庆幸的是，他身上没有摔伤。

大家都有自己的小算盘，俗话说：“事不关己高高挂起。”从不关心他人的事情，即使自己的利益遭到侵害，也只是得过且过，这种思想，带来的危害是巨大的。假如社会中的每个人都是这样自私麻木地活着，这个社会还有继续发展的希望吗？

有人指责霍金：作为一个物理学家，不好好做研究工作，反而在媒体面前说三道四，到处演讲，捞取金钱。但是，当霍金把挣来的钱都用来做慈善的时候，大家才真正明白他的意图，如果每个人都能用自己的能力挣到钱，然后，拿出钱来做慈善，那才真的是心中有大爱。

在这个浮躁又充满竞争的社会，有的人是拿慈善作秀，但是，霍金不是这样的人，他知道残障人士需要什么，他更能理解他们的内心世界。

只要心中有大爱，再苦再难又算得了什么呢？

名人名言·励志

1. 顺利的时候，生活的河川会随我们的意愿流淌，但此时我们切不可骄傲自满，得意忘形。

——[古罗马]西塞罗

2. 逆境是通往真理的第一条道路。

——[英]拜伦

3. 逆境是磨练人的最高学府。

——[古希腊]苏格拉底

4. 谁有历经千辛万苦的意志，谁就能达到任何目的。

——[古希腊]米南德

5. 勇气是一个人身处逆境的光明。

——[法]沃夫纳格

6. 金子靠人来测试；勇者靠逆境来验证。

——[古罗马]塞内加

7. 逆境把富贵掠去的各种美德归还给人们。`

——[法]欧仁·德拉克鲁瓦

8. 逆境可以使人变得聪明，尽管不能使人变得富有。

——[英]托·富勒

◁ 第四章 ▷

Hawking

在宇宙中翱翔

宇宙从何处来，又往何处去？

——[英]霍　金

▶ 宇宙大爆炸和黑洞

在谈论宇宙大爆炸之前，先让我们普及一下宇宙学的基本知识。最先，有人提出了地心宇宙观，接着又有人提出了日心宇宙观。时间进入20世纪，通过不断地探索和研究，专家们发现太阳就是一颗普通的恒星。在古代，人们都认为地球是宇宙的中心，但是，到了1543年，哥白尼否认了这种说法，认为地球可能不是宇宙的中心。于是，哥白尼宇宙原理诞生了，被人称为宇宙论的基石。有位美国天文学家希尔克曾说："哥白尼宇宙学原理是大爆炸理论的基础。大爆炸理论实际上先于宇宙膨胀的发现。按照大爆炸理论，宇宙在过去一定要比现在致密得多、炽热得多。"

在霍金研究宇宙大爆炸的时候，很多天体物理学家都研究过希尔克研究的这个问题。宇宙学中的大问题是什么呢？那就是宇宙有没有起始。围绕这个问题，许多科学家不停地展开辩论，有很多科学家对这个观点都提出反对的意见。后来，霍伊尔提出了稳态理论。

关于稳态理论，霍金在他的自传《我的简史》中说："人们提出了两种可选择的场景。其中一种就是稳态理论，在该理论中，随着宇宙膨胀，暗物质被连续地创生以使得密度在平均上不变。因为稳态理论需要一个负能量场去创生物质，所以它从未拥有非常坚实的理论基础。这会使它不稳定并容易导致物质和负能量无法控制地产生。但这个理论有一个巨大优点：它能给出确定的能够由观测来检验的预言。"

到了1963年，卡文迪许实验室的马丁·赖尔的射电天文学小组经过观测，发现了稳态理论存在问题。霍金教授在他的著作《我的简史》中用专业的语言对稳态理论进行了科学的分析，那就是："这些源在整个天空分布得相当均匀。这表示它们可能在我们的星系外面，因为否则的话它们会沿着银河系的方向集中。但是源的数目和源强度对比图跟稳态理论预言不相符合。存在太多的微弱的源，表明源密度在遥远的过去曾经较高。”

1965 年，有专家发现了微波辐射的微弱背景，这给稳态理论带来了沉重打击。霍伊尔想出了很多办法，但他不能解释清楚关于辐射的问题。霍金得知这件事情以后，庆幸自己没做霍伊尔的学生，如果霍伊尔收留了他，到现在，他一定会去支持稳态理论，即使明明知道这个理论是根本不可能站稳脚跟的。

霍金在《我的简史》这本书中写道：“我起初不理解要点是什么。彭罗斯证明了，濒临死亡的恒星一旦收缩到一定的半径，就会不可避免地存在奇点，空间和时间在奇点处终结。我想，我们确实已经知道，没有任何东西可阻止大质量冷的恒星在其引力的作用下坍缩，直至它达到无限密度的奇点。”

后来，霍金认为：他和彭罗斯的奇点定理很原始，他们假设宇宙有个柯西面。但是，随着他们进一步研究，他们发现了一个重要的问题。在《我的简史》中有记载：“彭罗斯和我自己的原始的奇点定理需要假设，宇宙有个柯西面，那就是一个和所有粒子路径相交一次并仅有一次的面。因此可能我们的第一条奇点定理只不过证明了宇宙不具有一个柯西面。尽管有趣，但在重要性上，这根本不能和时间有开端或终结相提并论。因此我着手证明不需要一个柯西面假设的奇点定理。”

于是，霍金把研究的结果整理成一篇论文。凭着这篇论文，他在剑桥获得了亚当斯奖，那是 1966 年，霍金如此年轻，就获得了这样大的成就，确实是有着不一般的才华。那时候的他，已经患上了运动神经元疾病，但还能拄着拐杖行走；那个时候的他，刚刚和简结婚，他们的孩子还没有出生；那时候的他，24 岁的年龄，却已经在天文物理学界崭露头角。

后来，霍金和乔治·艾里斯合著的《时空的大尺度结构》就是在这篇论文的基础上写成的。这部专著在 1973 年由剑桥大学出版社出版，从那以后，霍金就不再探讨时空因果结构，这就成了他在这个研究课题方面的最后作品。

霍金在《我的简史》这本书中，谈到时空的因果结构的时候，写道：“时空的因果结构是时空的哪些点能够影响其他点处的事件。我愿意告诫一般读者不要尝试查看该书。它是高度专业性的。”

霍金和乔治合作的那本书，确实是一本专业性很强的书。宇宙大爆炸也是属于专业性很强的东西。

美国天文学家希尔克在他的著作《宇宙的起源与演化——大爆炸》这本书中，谈到大爆炸理论的时候，是这样说的："早期宇宙非常炽热、非常致密，同时也许还是很不规则的。这种不规则性和各向异性逐渐消失了。在大爆炸后数分钟内出现了一些核反应，宇宙中几乎所有的氦就是在那时合成的。随着膨胀的进行，宇宙逐渐变冷，就像热空气边膨胀边冷却一样。"

时间进入1970年，在霍金的生活和事业中有两件重大的事情，一是他的女儿出生了，二是他对黑洞理论的研究成为他最著名的科学成果。与研究宇宙大爆炸不同，黑洞被证明确实是存在的，早在1967年，加拿大的专家伊斯雷就对黑洞进行过研究，他认为黑洞应该是球形的。

提起黑洞，有的人认为黑洞就是黑的，它不会发射出任何光芒。对于黑洞，在二百多年前，也就是1783年，有位叫约翰·米歇尔的教师，就曾在当时的《伦敦皇家学会哲学学报》发表过一篇题为《暗星》的论文，他在论文中写道："有一颗恒星，它有很强的引力场，里面没有光。"米歇尔认为，宇宙中会有很多这样的恒星存在，其实，他发现的这种恒星就是后来被天体物理学家称为"黑洞"的东西。

几年后，法国科学家拉普拉斯侯爵也有了与米歇尔相似的想法，这位法国侯爵把发现黑洞的想法写进了书里，不过后来，他的书《世界系统》中把黑洞的设想去掉了，后人不知道这位侯爵删除的原因是什么。霍金对公众说："也许侯爵认为他的想法一定是疯狂的。"

1915年爱因斯坦的广义相对论出现，得出了一个理论：引力如何影响光的协调。但是，爱因斯坦从没接受黑洞理论。以后，二战爆发了，原本对黑洞感兴趣的奥本海默开始研究原子弹，战争改变了专家学者的研究方向。

二战结束后，人们对原子和核物理产生了浓厚的兴趣，很多专家都开始研究这些学问，黑洞的研究被专家们遗忘了，就这样，又过去了20年。

从1960年开始，随着类星体的发现，人们又开始关注天体物理学，沉睡的天体物理学重新苏醒过来。

什么是类星体？霍金在《我的简史》中做出了回答："类星体是非常致密和具有非常强大的光学和射电的源的极遥远物体。物体落入黑洞是仅有的能够解释在空间这么小的区域里产生这么多能量的貌似有理的机制。”此时，奥本海默的研究又被人们重新发现了，专家们开始继续进行黑洞理论的研究。

霍金在应用数学和理论物理系的门上贴了一张纸，上面写着一句话：“黑洞是看不见的。”系主任看到这张纸，非常生气。

霍金的黑洞理论是在 1970 年 11 月的夜晚诞生的。那天夜晚，关于黑洞方面的研究终于有了想法，他感到特别兴奋。于是，整个晚上，他都在思考这个问题，终于明白了：他的因果结构理论适合于黑洞。

围绕着这个问题能有什么样的结果，霍金与基普·索恩以及约翰·普列斯基尔打赌。霍金知道，他能成为赢家，那不是一件容易的事情；他如果输掉了，那倒是很可能的事情，他们很容易找到裸奇点的反例。

霍金是个幽默的人，他把他的观点“自然厌恶裸奇点”印在了 T 恤上，作为彩头，这让他的对手心情很不好。

霍金发表论文《时空的大尺度结构》后，时间到了 1973 年，他的女儿露茜 3 岁了，大儿子罗伯特 6 岁了，他忽然感觉到没有事情可以去做了，心里空荡荡的。以后要进行什么研究，霍金又陷入了思考。下一步，霍金打算将广义相对论与量子论结合在一起，也就是说，将大理论与小理论结合起来。遗憾的是，当时的霍金没有量子论方面的背景，他从来没有专门研究过量子论。

那个时候，霍金就觉得，如果他先研究奇点定律，似乎有些困难。在霍金的自传《我的简史》中有这样一段：“作为热身准备，我转而考虑由量子论制约的粒子和场在邻近黑洞时会如何行为。特别是，我极想知道，能存在以在极早期宇宙形成的极微小的太初黑洞为核的原子吗？”

时间简史概念图

为了寻找这个问题的答案，霍金开始认真研究起来。可接下来的研究结果，却让他吃惊不小，他发现了从黑洞出来的辐射是存在的。霍金以为可能是计算出现了错误，但是在经过仔细地计算以后，他终于承认从黑洞出来的辐射是存在的这一个观点，确实是真实的。

霍金得出一个结论，他在《我的简史》中写得很清楚："源自黑洞的辐射会携带走能量，黑洞因此而损失质量并缩小。看来，黑洞最终会完全蒸发并消失。这引起了直插物理学核心的一个问题。我的计算暗示，辐射是严格的热性的和随机的，如果黑洞的面积是黑洞的熵。情况就必须如此。"

这就给天体物理学家们出了一道有趣的智力问题：黑洞内的信息留下的辐射是如何把信息带走的呢？在霍金没有找到解决这个问题的办法之前，争论了30年，没有任何进展。后来，霍金提出了自己的观点，他在《我的简史》一书中写道："信息并没有丢失，不过不以有用的方式返回。"霍金打了一个形象的比喻：有人烧掉了一部百科全书，然后把焚烧的书灰收藏起来，从技术上来说，百科全书中的信息没有损失。但是，如果有人再想去阅读这本百科全书，那就是不可能的了。

有趣的是，霍金喜欢和同行打赌的毛病又犯了，他又和索恩以及普列斯基尔打赌了。结果，普列斯基尔赢了，霍金又输了。霍金送给他一套关于棒球的百科全书，但是，他个人还是认为，给他的是棒球百科全书的灰烬。

▶ 当粒子落入黑洞

一个具有几倍太阳质量的黑洞的温度大约为百万分之一度的绝对温度，而一个更大的黑洞的温度甚至更低。这样，从这类黑洞出来的任何量子辐射完全被淹没在热大爆炸遗留下的2.7度的辐射。（现在宇宙间的平均温度是绝对温度2.7，相当于−270.46摄氏度）人们也许可能检测到从小很多即热很多的黑洞来的辐射，但是似乎它们在附近也不很多。然而，我们拥有这种辐射的间接观测证据，它来自于早期宇宙的暴胀时期。宇宙在这一时期以不断增加的速率膨胀。这个时期的膨胀如此之快速，以至于有些物体离开我们太远，它们的光线从未抵达我们这里；在光线向我们传来时，宇宙已膨胀得太多太快了。这样，在宇宙中存在一个视界，正如黑洞的视界那样，把光线能抵达我们的区域和不能抵达的区域分隔开来。非常类似的论证表明，如同存在从黑洞视界来的辐射那样，也应该存在从这个视界来的热辐射。我们已经知道如何在热辐射中预期密度起伏的特征谱。在这种情形下，这些密度起伏会随着宇宙膨胀而膨胀。当它们的尺度超出事件视界的尺度时，它们就被凝固了，这样它们作为从早期宇宙残存下来的宇宙背景辐射的温度中的小变化，今天可以被我们观察到。这些变化的观测和热起伏的预言相互一致的程度令人印象深刻。

尽管黑洞辐射的观测证据有些间接，所以研究过这一问题的人都一致认为，为了和我们其他观测上检验过的理论相一致，它必然发生，这对于决定论具有重要的含义。从黑洞来的辐射会带走能量，这表明黑洞将失去质量而变得更小。这意味着接下去它的温度会上升，而且辐射率会增大。黑洞最终将到达零质量。我们不知如何计算在这一点所要发生的事情，但是仅有的自然而又合理的结果似乎应是黑洞完全消失。那么，波函数在黑洞里的部分以及它挟持的有关落入黑洞物体的信息的下场如何呢？第一种猜测是，当黑洞最后消失时，这一部分波函数以及它携带的信息将会出现。然而，携带信息不能不消费，正如人们收到电话账单时意识到的那样。信息需要能量去负载它，而在黑洞的最后阶段，只有很小的能量留下。内部信息逃逸的仅有的似乎可行的方式是，它连续地伴随着辐射出现，而不必等待到这个最后阶段。然而，根据虚粒子对的一个成员落进，另一个成员逃离的图像，人们预料逃离粒子与落入粒子不相关，或者前者不携带走有关后者的信息，这样，仅有的答案似乎是，在黑洞内的波函数中的信息丢失了。可是对我们人类而言，占星家的那些预言将来和追溯过去之类的话更能让我们感觉到有兴趣一些，这样看来，落在黑洞里的波函数部分即使丧失了也不应该对我们预言黑洞之外的波函数造成什么影响，可事实是它的确在某种程度上影响了我们的这种预言，正好像我们一直在考虑爱因斯坦、玻里斯·帕多尔斯基和纳珍·罗森在 20 世纪 30 年代提出的一个理想实验时能够看到的。

我们可以想象一下，当一个放射性的衰变后在不同的方向发出了两个正好相反的自旋的粒子，其观察者却不能判断出它是往左还是往右自旋，如果观察者能确定出一个粒子的方向，那么就能肯定另外一个粒子的方向了，相反的也是这样的情况，可爱因斯坦认为这证明了量子理论是非常可笑的事情，当一个粒子现在在一个星系上自旋，怎么就知道另一个自旋的方向呢？可是在很多科学家的眼里，他们都相信这样的说法，这是因为爱因斯坦把量子理论给弄混淆了。爱因斯坦—帕多尔斯基—罗森理想实验并不能证明人们发送信息比光还要快，那正是荒谬的部分。人们不可能知道他们自己的粒子将被测量为向右自旋，而指定的远方观察者所测量的粒子的方向是向左自旋。

事实上，这个实验正好是在黑洞辐射中发生的，是一个理想的实验。每一对虚粒子都有一个波函数，它表明这一对虚粒子肯定具有相反的自旋。我们想要证实的是飞离粒子的自旋和波函数。假如我们能够观察到落入黑洞的粒子，那么我们就能够预言，但是飞离的粒子落入了黑洞的背部，我们无法测量从而得到它的自旋和波函数。正是因为如此，人类无法预言到飞离粒子的自旋和波函数，它可以具有不同的自旋和不同的波函数，概率不同，但是它不能具有唯一的自旋和波函数。由此看来，我们预言将来的能力被进一步阻挡了。拉普拉斯的经典思想是：人们能同时预言粒子的位置和速度，因为不确定性原理指出人们不能同时准确地测量位置和速度，必须被修正。然而，人们仍然能够准确测量波函数，并且利用薛定谔方程去预言未来应发生的事。这样就允许人们确定预言位置和速度的结合物，这就是人们根据拉普拉斯思想所能预言的一半。从而，我们能够确定预言粒子具有相反的自旋。但是，如果一个粒子落进黑洞，那么我们就不能对剩下的一个粒子做确定的预言。这样就意味着，不能确定地预言在黑洞以外的任何测量。从而我们确定预言的能力被降低为零，这样，也许就预言将来来说，占星家和科学定律是半斤八两。

黑洞如何发射一个粒子呢？当一个粒子落入黑洞，我们可以认为是粒子打到了 p 膜的其中一个闭合圈环上，这个粒子会在 p 膜上激起波。这些波会相撞，而它们的相撞会使 p 膜的一部分变成一个闭合的弦而断裂开去，这样黑洞就发射了一个粒子。

一些物理学家曾经建议可以采用某些方式从黑洞的内部将信息取出，因为他们不喜欢这种决定论的降低。多少年以来，人们始终相信可以找到取出此信息的方法，但始终是一种希望。直到 1996 年，安德鲁·斯特罗明格和库姆朗·瓦法认为可以把黑洞考虑成由许多称为 p 膜的建筑构件组成，这是一个重大的进展。

让我们来想一想，假设我们把 p 膜当作是一张通过三维空间和我们没注意到的额外七维的运动的薄片。那么，科学家们就可以在某些情形下证明在 p 膜上波的数目等于人们所包含的信息量。在 p 膜上，如果不同方向的波在某一点相遇，那么它们会产生一个非常大的尖峰，这个尖峰会使 p 膜的一小片破裂作为粒子离开。就像当粒子打到 p 膜上时会使膜上激起额外的波一样。如此来说，p 膜既能够吸收粒子，也能够发射粒子，像黑洞一样。

在平坦时空中运动的薄片实际上是存在的，黑洞可以像它们那样行为，这不需要我们去相信，人们可以将 p 膜当作有效理论。就像水一样，是由无数个 H_2O 分子构成，它们之间具有复杂的相互作用，但是光滑的液体却是非常好的有效模型。从实证主义的观点来说，对于一定种类的黑洞来说，它是一个同样好的模型，因为由 p 膜构成黑洞的数学模型给出的结果与早先描述的虚粒子对图像很相似。对于一定种类的黑洞，p 膜模型和虚粒子对于模型和发射率的预言是完全一样的。它是一个同样好的模型。然而，时间会平滑地向前流逝，光线的轨迹不会被弯折，而且波里的信息不会丧失。这是什么原因呢？这是因为其中存在着一个重要的差别：在 p 膜模型中，与落入黑洞物体相关的信息将被储存在 p 膜上的波的波函数中。此时，p 膜会被认为是平坦时空中的薄片，正是因为这个原因才会有此现象。相反，来自于黑洞的信息在辐射中终于出现。如此，我们就可以根据 p 膜模型利用薛定谔方程去计算将来的波函数。从量子的意义上看，我们具有了完整的决定论。时间将会光滑地推移，也不会有任何的东西丧失。

▶《时间简史》

霍金的《时间简史》出版后，征服了很多读者，其中，大部分读者都是普通人，而不是大学的理科学生和研究天体物理学的专家。

《时间简史》有个浪漫的故事。当年，霍金把《时间简史》作为礼物送给简，简非常感动，她写道："斯蒂芬从莎士比亚里得到一点灵感，为他的书定下了标题。草稿经过修改后已被出版商接受，1988 年 6 月的一天被确定为出版的日子。美国版将在春天出版，早于英国版。然后刚完成印刷的第一版不得不在最后一刻销毁，因为书中对几位美国科学家的诚信提出了质疑，出版商担心会招致起诉。这不幸的小插曲却让一处小小的遗漏得以被修改：斯蒂芬将《时间简史》献给我。这是很令人感动的致谢，但美国版遗漏了这一点。于是可能招致起诉的部分被删去了，我的名字也出现在了致谢中，出版社不得不加班加点在几天之内印刷出一万册，这本书就正式在美国出版了。"

两本《时间简史》，是同一家出版社出版的两个版本，其中一本是精装的普及版，里面有彩色的图片。仔细阅读这两个版本，发现不但在目录和内容上做了调整，作者也不只是斯蒂芬·霍金，而是有了一位合作者列纳德·蒙洛迪诺。他也是一位物理学家，在美国的加州理工学院任教，担任过风靡中国的美剧《星际迷航：下一代》的编剧，他还出版过两本书，并且参与创作了"爱因斯坦小学生系列丛书"。

《时间简史》是如何诞生的？1982 年，霍金 40 岁了，像其他的中年男人一样，他渴望成功，更希望能成为一个好爸爸。那时候，霍金已经是三个孩子的父亲，女儿露茜 12 岁，他想写一本书，给上学的女儿攒点学费——他当初写作的目的其实很单纯。当这本书成为畅销书后，有位科普作家曾经幽默地说："《时间简史》给霍金带来的不光是名声，还有财富，这本书弥补了霍金的财政黑洞。"

回首往事，霍金在他的回忆录《我的简史》里这样写道："我第一次想起写一本关于宇宙的普及著作是在 1982 年。我的部分目的是为女儿攒一点学费。但是，写这本书的主要动机，是想解释我们已经在何等程度上理解了宇宙：我们一直在寻找能描述宇宙和其中万物的一个完备理论，现在离这个目标是多么接近了。"

从事写作的人都知道，写一本书是要花费很多时间和精力的，从构思到每一个章节的写作，再到每一个细节，非虚构类作品比小说写起来的难度更大。身体健康的作家都觉得这是一项劳累的工作，对坐在轮椅上的霍金来说，难度系数更高。

但是，对于霍金来说，他的坚强意志也决定了他有能力完成这本《时

间简史》。在写这本书之前，剑桥大学出版社的密顿曾经找过霍金，他和霍金边喝茶吃点心边交谈，交谈的内容便是围绕这本书的细节展开的。霍金告诉密顿：他想写一本关于宇宙学的通俗读物。

这时候密顿想起，在他刚刚与霍金相识的那一年，他就想请霍金写一本通俗的宇宙学图书，这本书的定位是给普通读者的，让非专业的读者也能了解宇宙，了解黑洞和虫洞的知识。不过，那时候，霍金并不想写这本书。

现在，霍金又同意写这本书了，这让密顿很兴奋，这些年，他们是很好的合作伙伴。虽然，他们之间有过矛盾，比如在出版《超空间与超重力》的时候，因为封面问题就产生过很大的分歧。

不过，作为剑桥大学的教授，要写新书，还是会考虑与剑桥大学出版社合作的。剑桥大学出版社的出书历史悠久，著名科学家爱丁顿和霍耶都在剑桥大学出版社出版过科普图书。密顿一直相信，霍金写出的科普图书一定会拥有很多读者，他也坚信，霍金的书一定会给他本人以及出版社带来非常可观的经济收入。

在讨论出版这本书的会上，霍金对密顿和其他人表明了自己的态度，并且开口要了很高的稿酬，他说他因为残疾需要很多的护理费，还要为女儿交纳学费，如果他去世了，他还要给孩子和妻子留下足够的生活费。他还谈到一个实际的问题，他目前正在进行科学研究，他要从研究中拿出时间来写一本科普图书，就要占用科研的时间，他希望自己的付出能够得到更多的报酬。

密顿听完霍金的话后，发表了自己的看法。他认为霍金是个有影响的专家，而且，他一直在为剑桥大学勤恳地工作，以他的知名度和影响力，不管他去哪个大学工作，都会得到很高的薪水，比如美国某个大学邀请他去工作开出的薪水就相当高，比他在剑桥的收入高出好多倍，但是，他还是选择留在剑桥做研究，这就证明，他对剑桥是忠诚的，他对剑桥有着深厚的感情，不到万不得已的时候，他是不会离开剑桥大学的。

于是，他们再次合作了。霍金所在的应用数学及理论物理系和密顿工作的地方靠得很近，都在同一个院子里，所以，他们经常在一起讨论出书的事情。一日午后，霍金拿着稿子来到密顿的办公室，密顿看了稿子，觉得霍金写的稿子专业性太强，普通读者根本读不懂。他打了个比喻，让霍金更了解这个图书市场，他说："卖书有时候就像卖烘豆一样，味道越温和，就越有市场，假如你把书写得太专业，看上去就是给专家看的那种书，那是绝对不能畅销的，因为我们的定位是大众科普图书。”霍金接受了密顿的意见，开始思考如何写得通俗易懂。

没过多久，密顿又找到霍金。他对霍金说，剑桥大学出版社的理事会同意出版这本书，并委托他来和作者协商书稿的细节。

后来，霍金抽出时间，又对书稿进行了修改。当他带着修改好的稿子见到密顿的时候，密顿仔细地看了看，看完之后走到霍金的面前，瞪大眼睛对霍金说：“你的书稿还是太专业了。”接着，密顿笑着说出了一个广为流传的经典名言，他说：“你的书里，每多一个数学公式，图书的销售量就会减少一半。”霍金听完密顿的话，他的脸上露出惊讶的表情。

密顿看着霍金说道：“读者去书店买书的时候，他们通常都是取下一本书，拿在手里翻阅一下，然后才决定是否购买，如果读者发现书里有数学公式，他们就会觉得这样的书很难读下去，因为里面有公式，就会拒绝购买。”

霍金听完密顿的话，觉得有道理，便再次接受了密顿的意见，继续修改。然后，两人开始谈稿费的问题。密顿提出付给霍金版税预付金的价格，霍金不同意，经过反复协商，最终，霍金拿到了一万英镑的预付款。密顿认为，这是剑桥大学出版社能拿出的最高的预付金。第二天一大早，霍金来到办公室的时候，密顿就把合同送到了他的面前。

就在霍金和密顿开始合作的时候，在美国的纽约，有个名叫彼得的30出头的高个儿男人，他是美国矮脚鸡图书公司的高级编辑，他买了一份《纽约时报》，来到办公室里，开始看报，突然，一本杂志掉了出来。原来，这本杂志夹在报纸里面，好奇的彼得拿起杂志看了起来。他首先看到的是一个坐在轮椅上的人刊登在封面上，他开始阅读杂志的内容，首先阅读到的就是一篇名为《宇宙与霍金博士》的文章，文章大体内容是霍金身残志坚，身患疾病却依然坚持天体物理学的研究，他的研究被人称为宇宙学的革命。

作为图书公司的高级编辑，彼得有很强的职业敏感，他意识到这是一个不错的励志故事。他的大脑不停旋转，他在考虑，如果能有机会请这位教授给公司写一本书，销量肯定不错。

在一家餐厅内，彼得与一位名叫艾尔·朱克曼的经纪人吃饭，他把霍金的故事讲给艾尔听，艾尔说他也读过这篇文章。这时候，艾尔对彼得说："我听我的朋友，也就是麻省理工学院的物理教授丹尼尔说，霍金最近很忙，他在忙着写一本书。"

吃完饭后，彼得对艾尔·朱克曼说，如果艾尔能见到霍金，并且霍金没有与别的公司签订合同，矮脚鸡公司一定会出版他正在写的那本书。

于是，艾尔·朱克曼决定去英国见一见霍金，并且在霍金与剑桥大学出版社即将签合同的时候，见到了霍金。中国有句俗话：来得早不如来得巧。就差几天的时间，霍金就要与剑桥大学出版社签合同了。

那么，霍金为什么会放弃英国的剑桥大学出版社而选择美国的矮脚鸡图书公司呢?

霍金通过同事的亲戚，见到了文学著作代理人艾尔·朱克曼。霍金在见到朱克曼的时候，把他写好的第一章的初稿给了朱克曼，霍金对朱克曼说："我希望它成为在机场书店就能买到的那类书。"

但是，霍金得到的回答是："绝对不可能，这本书只能给专家和大学理科学生阅读，像这样的书，绝对不可能出现在机场书店里，大众看不懂这样的书，也没有兴趣去阅读。"

在霍金的自传《我的简史》中说："如果我准备花时间和精力去写一本书，我就要让它传播给尽可能多的人。我以前写的专业书一向由剑桥大学出版社出版。那家出版社做得很好，但我觉得它不会真正地面向我想影响到的那一类大众市场。因此，我接触到一位名叫艾尔·朱克曼的文学著作代理人，是我的一位同事的亲戚介绍给我的。我给了他第一章的初稿，并且解释道：我希望它成为在机场书店就能买到的那类书。他告诉我这绝不可能。它也许在学术界和学生中销售良好，但是像这样的一本书，绝不可能进入杰弗里·阿彻的领地。"

1984 年，霍金把写完的书稿交给艾尔·朱克曼，他把书稿发给了几位出版商，美国的一家名叫诺顿的图书公司很有名气，艾尔·朱克曼希望霍金能让诺顿出版他的书。遗憾的是，诺顿给出的图书的价格，霍金并不能接受。这时候，矮脚鸡图书公司给出了很高的价格，霍金接受了。

关于霍金怎么会选择矮脚鸡图书公司的价格，他在自传里这样说："1984 年我给了艾尔·朱克曼第一稿。他把它发给几位出版商并且建议我接受诺顿的报价，诺顿是家很有档次的美国图书公司。可是，我没有采纳这个意见，而决定接受矮脚鸡图书公司的报价。这是一家更面向大众市场的出版商，虽然这个公司并非专门出版科学书籍，然而它的出版物在机场书店很容易得到。”

1985 年 8 月的一个晚上，写了一天书稿的霍金像往常一样上床休息。就在凌晨三点的时候，护士来到霍金的床前，发现霍金病情加重，呼吸快要停止。护士急忙叫来急救车，把他送到了医院里，幸亏遇到了一位负责任的医生，他在电视上见过霍金，知道他是一位有名气的科学家，他把霍金抢救了过来。

从医院回来的霍金，第一时间想到的是他的书稿。那时候，《时间简史》的书稿快要写完了。他在医院养病的时候，还在对书稿进行修改。虽然，霍金拿到了预付金，可以支付医疗费用。但是，霍金进行了气管切开这样的大手术，他需要一天二十四小时的护理，他需要更多的钱来支付护理费。靠着书稿的预付款，肯定是不够用的。

此时，霍金的妻子简也开始忧虑起来，她忧虑的是霍金的健康，更担心万一哪天霍金去世了，她和孩子们该怎样生存？简在无路可走的情况下，只能向慈善机构求助，她给世界各地的慈善机构写了很多信，最后，美国的一家基金会同意每年给霍金五万英镑的护理费，后来，很多慈善机构都同意给霍金帮助。

这些慈善机构的善款，就像雪中送炭一样，给了霍金继续生存下去的勇气，同时，也让简感受到了一点温暖。但是，简对本国的健康服务机构却是相当不满。她不明白，他们对这家健康服务机构做过贡献，为什么在他们需要帮助的时候，却只能得到很少的救助？每当简谈到这件事情的时候，她就会愤慨地说："想想这种人才的浪费吧！"

霍金

简一直觉得，还是霍金在世界上的知名度帮了他们的忙，假如霍金只是一位物理教授却没有知名度，那她也就只能这样看着丈夫挣扎着直到去世。

霍金得了一场大病，放慢了写作的速度。甚至有时候，他觉得自己真的没有体力再坚持着把这本书写完了。就在他快要支撑不下去的时候，美国加州的一位名叫华特的电脑专家专门为霍金设计了一个程序，名字是“平等者”。这个程序并不复杂，使用起来很方便，霍金依靠这个程序，才继续开始写作。

好多年后，成名后的霍金在自传里谈到写《时间简史》这本书的境况时，曾写过这样的话：“我在CERN时得了场肺炎，只好中断了这部书的撰写。若不是得到一个计算机程序，要完成这部书是根本不可能的。用这个程序有点慢，但那时我思考得慢，所以这很适合我。我利用它几乎完全重写了我的第一稿以回应古查迪的要求。”

终于，《时间简史》定稿了，矮脚鸡公司决定在1988年的春天开始做出版前的宣传工作。艾尔·朱克曼雄心勃勃，他在美国与加拿大联系好出版的事情，又开始在世界各地寻找能出版这本书的国家，德国、意大利、法国、西班牙、中国、土耳其等，都争相购买这本书的版权。

正当霍金沉浸在享受成功后的幸福的时候，他做梦都没有想到，他的图书出版竟然在本国遇到了问题。霍金曾这样说：“英国的出版商，是我遇到过的所有出版商中，最抱持怀疑态度的一群。当我在英国出示初稿时，丹特公司出价15000英镑，还有另外的公司出价5000英镑与10000英镑。我认为他们诚意不够，所以就取消了。”

霍金的书在全世界都是畅销书，但是在英国却遇到了出版问题。直到1987年，英国要举办一个全美书展，一位名叫马克的人在公司里得知《时间简史》是一本畅销书，于是，他在书展上找到了艾尔·朱克曼，对艾尔·朱克曼说他想看一看《时间简史》的书稿。

马克读完这本书以后，对艾尔·朱克曼说，他觉得这本书写得非常有趣，他想要在英国出版这本书。艾尔·朱克曼开出了75000英镑的英国版权的价格，听完报价后，马克失去了兴趣。他认为那本书其实是很难读懂的，虽然看起来很好。在当时，75000英镑的预付金太高了。最后，马克决定，只出30000英镑，他不敢确定花费75000英镑买来的英国版权，能不能卖出这个价格。后来的事实证明，马克的担忧是多余的，这本书在全世界热销。

《时间简史》在准备出版的时候，矮脚鸡市场部主任主持召开了多次会议，会议的内容都是在商讨怎样对这本书进行营销。说得直白一点，就是用什么样的方法才能把书卖出去。

此时的霍金想起密顿对他的忠告，当密顿得知霍金把书签约给了大的商业出版公司的时候，他就提醒霍金："与出版商打交道，你要特别小心。你要想明白一个问题，如果你就是想把书卖出去很多，想靠卖书挣钱的话，你就不要介意他们的促销手段。"

密顿接着提醒霍金："出版商为了卖书，他们可能都会用残疾这样的词来做广告语，你要想明白，考虑好才行。即使采用了这样的广告语，你也不必太在意。"

就在《时间简史》还有一个月就要出版的时候，霍金接到艾尔·朱克曼的电话，他告诉了霍金一个震惊的消息：彼得要去皇冠出版公司工作，所有的工作将交给另一位编辑。

《时间简史》的书稿交给了新编辑，这位新编辑把印刷的数量减去了四万本，因为他很胆小，他担心这本书卖不出去，会给公司造成损失，他怕负担不起这个责任。说实话，很多图书公司在印刷一本新书的时候，的确都是要考虑这些问题的。市场经济是残酷的，如果卖不出去，一切损失全部落到了出版公司的头上，所以，他们都会印刷很少，有时候只印刷一千本到三千本。很多新人就是这样，顶着压力在出书，如果真的成为畅销书或者常销书，书的作者也就算是看到了阳光灿烂的一天。

1988 年春天，《时间简史：从大爆炸到黑洞》这本书，在美国各大书店上架。在纽约的洛克菲勒中心，公司专门为霍金举办了宴会。那天晚上，霍金非常兴奋，当他在河边陶醉的时候，他的妻子一直担心，害怕他会掉进河里。

《时间简史》即将发行时，意外发生了。霍金在自传里写道："这本书即将发行时，有一位科学家得到了这本书的试印版，那是提供给《自然》杂志写评论的，他发现这部书照片与图片的位置和标号错误百出，而被吓坏了。他给矮脚鸡打电话，他们同样也被吓坏了，并且立刻决定召回并废弃这个印次。矮脚鸡花了三整周改正和重校全书，及时地在愚人节的出版日期铺到书店。正好那个时候，《时代》周刊刊登了我的封面人物介绍。"

虽然，这本书出现了小错误，依然不能阻挡畅销的浪潮。书一经上市，

在《纽约时报》的畅销书的书榜上达到了147周，在伦敦《泰晤士报》畅销书的排行榜上竟然达到了237周，在全世界销售超过了1000万册，单在美国，这本书的销量就达到50多万本，霍金真正实现了自己的梦想——写一本普通大众都可以读懂的书。

天体物理学家霍金，竟然像明星那样风光，走进了美国的各大校园，霍金迷俱乐部在芝加哥成立，他的粉丝遍布美国各大城市的中学与大学，他的照片被印在T恤上，他俨然变成了一个超级巨星。

1988年的6月，《时间简史》在英国出版上市。他的粉丝依然很多，他的书成为公众喜欢的畅销书，各大书店，只要有他的书，都会被抢购一空。在中国，霍金的书也是一版再版，销量依然不减。购买霍金的图书，更多的是普通读者，同行并不是很多，在英国本土，很多同行都发出了质疑的声音，有一位理论物理学家曾说过这样的话："他与大家做的是同样的研究，只不过因为他的身体状况，才会如此引人注目。"甚至有人拿《时间简史》和一本名叫《机车保养的禅学与艺术》进行对比，霍金觉得无所谓，他的家里人却对这样的对比感到无聊。

霍金在接受媒体的采访时，曾这样说："我很高兴一本科学书能与明星的传记竞争。也许人类还是有希望的。我非常高兴这本书能到一般大众手中，而不只是在学术界流传。科学有些概念是很重要的，因为它在现代社会中扮演了如此重要的角色。"

在我写这本书的时候，我去国内各大网站购买霍金的书，结果却发现，霍金很多书都剩下很少了，有的甚至已经显示无货。英国的两位科普作家给霍金写的传记，已经在网站成为畅销书，有的网店已经没有这本书了。这不仅仅是因为霍金是残疾人吸引了很多人的眼球，更重要的是，随着社会的发展，大家都开始关注科学，很多家长想培养孩子从小爱科学的兴趣；少年们想要了解宇宙，解开宇宙的奥秘；成年人也想探索宇宙的秘密，想要了解宇宙大爆炸和黑洞的知识，以及宇宙到底有没有边的问题。

当霍金出现在街上的时候，他的粉丝们就会围上来，与他说话，就像影视明星被粉丝包围那样热闹。

相对于公众的热情，那些资深的书评家和评论家对《时间简史》的畅销却觉得莫名其妙，他们不明白，为什么这样一本书会获得如此巨大的成功？为什么其他英国天体物理学家的书却无人问津？于是，针对霍金和他的著作《时间简史》各种各样的评论就出现了。

《自然》杂志的编辑约翰·麦达克斯于1988年的年底公开发表了一篇文章。他这样写道：

“那些担心大众对科学漠不关心的人，当知道霍金教授的《时间简史》在美国已卖出60万本之后，一定就可以释怀了……令我好奇的是，在我访问加州期间，我大约询问了20多个人，这些人不都是科学家，发现没有一个人不知道这本书。其中三个人有这本书，但是却都没有开始读。对于一本仅有198页的书来说，这似乎有点不可思议。根据该书作者所说的，只需要花一千卡路里的热量就可以获得书中所有的信息，所以我估计只要半天就能读完。

“事实上，这本书有一种奇怪的窘境。人们说它是一本‘风靡一时’的书，或把霍金教授描述成一位风云人物。在加州，不同宗派与言论大师的流行（在大众心目中）起起落落是常有的事，用风云来解释‘霍金热’似乎很自然。但是，即使加州也不可能消化得了60万册。”

早在1988年的8月，赛门·金肯斯便在《星期日时报》上发表文章时表达了自己对这本书如此畅销感到的惊讶：“我简直感到莫名其妙。46岁的剑桥数学教授写了一本讨论广义相对论与量子力学结合的书，在今年整个夏天，一直排在英国非小说类的畅销书排行榜上。上个月还曾位居榜首，迈克尔·杰克逊与毕加索都被他拉了下来。霍金的《时间简史》共印了6次，销售了5万本精装本。这是个惊人的新领域。”

有人曾调侃说：“不管是专家还是作家，他们出版的书，能让普通大众喜欢读的书，才是真正的好书。”

如今，霍金做到了。在美国曾经发生过这样一个故事，这个故事广为流传，已经成为霍金的经典故事。故事的发生地点是在美国的一个汽车修理站，一位科学家的私家车有点毛病，他把车送来维修，闲着无聊的时候，他与修理汽车的工人聊了起来。修车工问科学家：“你是干什么工作的？”科学家回答道：“我是从事科学研究的，大家都叫我科学家。”修车的工人抬起头问科学家：“请问，你认识霍金教授吗？我非常崇拜他，他在我心里就是英雄。”

科学家这才明白，原来霍金已经成为家喻户晓的天体物理学界的明星。于是，专家学者们都开始研究这本书究竟为什么会这样有影响？

两位科普作家写的《霍金传》中，也在探讨这个问题：“一时之间每个人都成了霍金迷，对于这本书为何会如此成功，每个人都有一套得意的见解。它成功的秘诀是什么呢？在《时间简史》进入畅销书排行榜好几年之后，人们仍然会提出这个问题。”

1991年的4月，英国《独立》杂志发表了一篇主要针对《时间简史》的文章。文章提出问题：“究竟有多少人看过这本书？”文中引用很多事实和例子，证明很多有才气有学问的人，都没看过霍金的这本书。“那位很有才气的伯纳德先生，在他《泰晤士报》专栏里承认，霍金教授的《时间简史》他从第29页以后就看不懂了。这样就引发了一个问题：如果才气纵横的伯纳德先生仅能读到第29页，那么，一名普通船夫在探求宇宙起源的知识时，他的情况又会如何？”

“这本书获得异乎寻常的成功，可是买书的人却很少能读得懂，这要如何解释呢？业余心理学家曾指出，这是由于作者的特殊状况，他是一位运动神经元疾病患者，许多年前已被医生宣告无药可救。然而，他战胜一切艰难险阻，写成了这本书。这是一个英勇的故事，但光凭这一点就足以说明这本书的成功吗？我并不认为如此，我也不认为是读者希望发现这个世界的起源真相。这个问题并没有一个简单的答案，这本书成功的秘密，此时就像宇宙的起源那样神秘而迷人。我愿悬赏一笔小小的奖金，给能提出令人完全信服的答案的任何读者。”

文章发表后，很多人给这家杂志写信，霍金的母亲忍无可忍，她写了一封信，刊登在《独立》杂志上：

“阁下：身为霍金教授的母亲，我得声明我可能有点私心。不过我已经对《时间简史》成功的原因做过一些思考，这个成功连霍金本人也感到惊讶。我相信原因是复杂的，但是应该试图加以简化……

“这本书写得很好，使人乐于阅读这本书。书中艰深的部分是思想而不是语言。他完全不炫耀，也从不大声来压倒读者，他相信自己的思想是任何有兴趣的人都能明白的。这本书引起了争议，许多人在各种程度上反对他的结论，但是它激发了思想。当然他与疾病奋战的事迹，也增加了这本书的知名度。但在构思这本书之前，霍金已经走过了漫长的历程。他不是因为患有运动神经元疾病，才得到了学术界与其他领域的荣誉。

“我并没有说我自己看得懂这本书，然而在得出这个结论之前，我确实从头到尾读了一遍。我认为我不懂，主要是因为我的年纪与我所受的学术训练不同。我并不想怀疑列文先生智力出众，但我不愿因为他看不懂，就假设大多数的人也都不懂。”

这封信，在当时的英国反响很大，不仅仅是护子心切，更重要的是，霍金的母亲作为上个世纪牛津大学的高材生，她也谈了自己的观点：很多时候，所谓的知识分子教育还存在很多问题，在人漫长的一生中，还可以有各种各样的学习方法和教育形式存在。

有时候，霍金的同事们经常会被人问到这样的问题：你们看过霍金的书吗？很多同行都回答：“没看过，因为不能把这本书拿到海边来娱乐。”读过的同行们，当被问到这个问题的时候，他们的回答也是五花八门，有的还提出意见，认为这本书可以写得更多一些。

霍金发现，很多人在评价他的书的时候，他们的评论都不是客观的。他认为这些评论都是老套的话语，没有新颖的东西，比如，他们总是围绕着霍金的病情谈这本书。霍金在他的自传《我的简史》中，有过这样两段精彩的叙述，第一段他是这样写的：“为什么这么多人买这本书？对我而言要做到客观评价肯定很难，于是我想还是看他人怎么说的。我发现大多数评论，尽管都是好意的，却没有多少启发性。它们倾向于遵循一个老套：斯蒂芬·霍金患了运动神经元疾病；他被禁锢在轮椅上，不能讲话，而只能动 X 根手指（意思就是三根手指），但他写下了这部所有一切中最大问题的书：我们从何处来，我们往何处去？霍金揭示的答案是宇宙既不创生亦不毁灭；它只是存在。”

谈到宇宙的问题，有的评论员已经感觉自己的大脑找不到方向了，完全跟不上霍金的节奏，但是，为了表明自己是正确的，评论员还是要继续发表自己的观点：“如果霍金的理论是对的，我们就真的找到了完备的统一理论，我们也就真正理解了上帝的精神。”

读完这些评论后，霍金哈哈一笑。在自传里，他针对评论员的评论做出了调侃：“如果我这么做了，那销售量也许会减半。”

霍金一直痛恨那些总拿他的疾病来评论的人，他总希望人们能像对待正常人那样对待他。作为一位教授，他理应得到全世界的理解和尊重，他希望公众喜欢和好奇的是他研究的学科，而不是他的隐私。霍金在自传《我的简史》发出了心底的呐喊：

“无疑，我身患残疾，然而努力使自己成为理论物理学家，这种让人们感兴趣的故事也对这本书的销售推波助澜。因书中只有两处提到我的状况，所以凭这种兴趣来购买此书的人士一定十分失望。这部书是试

图写宇宙的历史，而非我的历史。但这并没有阻止人们谴责矮脚鸡利用我的疾病以及我与之合作、允许我的照片印在封面上的可耻行为。事实上，按照合同，我对封面无控制权。”

霍金还感到一个问题很难理解，很多人购买他的书只是为了摆在书架上，有的人购买他的书，只是为了在咖啡馆与朋友聊天时，拿着他的书来炫耀自己。霍金承认：这种事情肯定会发生，但是，他知道很多人确实在认真阅读他的书，虽然里面的内容不一定都能读懂。霍金觉得，只要有一部分人买了他的书，并且认真读完，他也就很知足了，毕竟，宇宙学不是每个人都能明白的，即使是普及版的《时间简史》，也不是谁都能读得懂的。

这本书确实是有吸引力的，我是喜欢这本书的，虽然，我只是一个普通的读者。黑洞和虫洞的奥秘，是吸引我阅读的原因，探索宇宙的奥秘，并不是儿童和少年的事情。与其整天在网站上浏览，在网络游戏中荒废时间，还不如买本《时间简史》，看一看宇宙的演化。当我们用科学知识武装好头脑的时候，也就不会被那些歪门邪道和所谓的大师迷惑了。

曾经有过这样一个经典的名人故事：俄国物理学家林第坐飞机来到美洲开会。在飞机上，林第的身旁坐着一位商人，他手里拿着一本霍金的书，林第好奇地问商人：“这本书你认为写得好吗？”商人边看书边回答：“这书写得太好了，简直让我着迷，我特别喜欢它。”

林第对商人说：“你觉得有趣，可我觉得很多地方读不懂，有些地方很难读下去。”

商人竟然对林第说：“我来解释给你听吧。”

这个故事带给很多人的是意外，为什么科学家读不懂，为什么不是科学家的人反而能读懂？这个答案只有霍金知道，因为他的梦想就是：这本书是写给公众看的一本通俗科普读物。

当年，霍金在决定给普通公众写这本书的时候，他是忧虑重重的，他在自传里真实表达了这种忧虑：“人类从原始野人到我们现在的状况仅需区区 15000 年，这个系列勾画了我们对这整个发展成就的感受。我要传达一种类似感受，就是我们朝着完全理解制约宇宙的定律，已经取得了怎样的进步。我很清楚，几乎每个人都对宇宙如何运行感兴趣，但大多数人无法明白数学方程。我本人对方程也不太在乎。部分原因是我很难把它们写下来，但主要是因为我对方程没有直觉。相反，我依靠图像来思考，我这本书的目标是靠语言描绘这些心里的图像，还借助于一些熟悉的比喻和图形。”

霍金一直都希望大多数的人能在他的书里了解天体物理学，他要让更多人知道，他所从事的理论研究的重大意义，他想与更多的人一起分享研究成果，用霍金的话来说，那就是：“我希望，大多数人以这种方式能够分享对过去50年间物理学取得的惊人进步的激动和感受。”

霍金坦诚地说：“即使我避开使用数学，也仍然很难解释某些观念。”霍金不停地问自己：“我是否应解释它们并冒着把人们弄糊涂的危险？或者是否应该掩饰这些困难？一些不熟悉的概念，诸如以不同速度运动的观察者测量出同一对事件之间的时间间隔不同，就对我要描绘的图像不太重要。因此，我觉得我可以只提到它们而不必深入探讨。但其他困难的思想，对我要做出解释的东西却很重要。”

在《时间简史》这本书中，霍金将两种概念植入书中，一种是所谓的“历史求和”，另一种是“虚时间”。霍金认为：“宇宙不仅只有一个历史，宇宙有每种可能的历史集合，而所有这些历史都是同等实在的。”

霍金觉得在给非专业人士看的科普书中，把以上这两种概念解释清楚，是要付出很大的努力的。他说：“我现在觉得我本应做出更大的努力来解释这两项非常难以理解的概念，尤其是虚时间，后者似乎是书中读者最感到麻烦的东西。然而，其实并不真的需要确切理解虚时间是什么——只要知道它与我们称作‘实时间’的东西不同即可。”

如今，霍金教授应该很开心了，因为，他的付出得到了回报，更重要的是，这本书已经进入千家万户，很多的普通人喜欢这本书，这本书摆放到很多人的书架上，即使有人只是为了摆设而购买《时间简史》，那也证明了一个事实：霍金是一位在全世界都有影响力的人。

这也让我想到网友们说过的一句话：一般买来放在书柜里当装饰品的图书，都是经典的名著，越是畅销的精品书和精装书，越容易被摆放在书柜里。

精品永远是精品，就像摆放在书架上的《时间简史》，在众多的图书中，的确与众不同，而那句通俗易懂的广告语——“一本人人都能读懂的时间简史”——更像一个有吸引力的魔方，等待着更多好奇的人去打开它，了解它，真正读懂它。

虚时间和无边界

虚时间是霍金在计算的时候采用的概念，他在自传里写道：“我们的计算用了虚时间的概念，它可被认为是时间在和通常实时间成直角的一个方向。”霍金从美国加州回到剑桥后，他和他的学生把这种思想又做了深入的研究，创造了欧氏方法，实时间被虚时间取代，这样，时间就不是单独存在的，而是成为空间的第四个方向。刚开始的时候，霍金提出了这种研究方法，结果遭到很多专家的反对，如今，这种研究方法已经被专家们接受了，霍金说：“这是研究量子引力的最好方法。”

那么，这种方法到底有什么好处呢？霍金在《我的简史》中做了详细的分析，他说：“黑洞的欧式空间是光滑的，而且不包含物理方程会在那里崩溃的奇点。它解决了彭罗斯和我自己的奇点定律提起的基本问题：由于奇点预见性会崩溃。利用欧氏方法我们就能够理解为何黑洞会像热体那样行为并具有熵的深层原因。”

霍金在剑桥开完研讨会以后，去了圣巴巴拉，那里有一家刚刚建立的理论物理研究所，霍金在那里度过了炎热的夏天。霍金想研究的是：在研究宇宙学的时候，怎样把欧氏方法应用进去。

黑　洞

霍金在自传《我的简史》里写道：“根据欧氏方法，宇宙的量子行为由对在虚时间中某个种类的历史的费恩曼求和给出。因为虚时间正如空间的另一个方向那样行为，在虚时间中的历史可以是闭合的曲面，正如地球的表面，既没有开端，也没有终结。”

此时，霍金又阐述了他对无边界的设想：“宇宙的边界条件是，它是闭合的、没有边界的。无边界条件意味着宇宙会从无中自发地创生。起初，无边界设想似乎没有预言到足够的暴胀，但我后来意识到，宇宙给定的位形的概率必须由位形的体积加权。”

这是属于宇宙的无边界，在霍金的人生中，他也有自己的无边界。霍金在自传《我的简史》的最后一章中，用“无边界”这三个字，对他的大半生进行了高度的概括。他觉得自己是幸福的，因为对他来说，青春年华的时候患上疾病，他觉得命运对他太不公平，但是，医生和他都不曾想到，奇迹竟然会发生。他说，他结婚两次，还有三个在事业上很成功的孩子，还有可爱的孙子、外孙的陪伴；他在天体物理学方面的研究非常成功，他最大的成功是把爱因斯坦的广义相对论和量子力学理论结合在一起，他的黑洞量子发射的预言得到了很多理论物理学家的支持。

霍金在回首自己大半生走过的道路的时候，在自传里写道：“我的一生是充实而满足的。我相信残疾人应专注于障碍不能阻止他们做的事，而不必对他们不能做的事徒然懊丧。在我的情形下，我尽力做我要做的大多数事情。”

霍金的人生是丰富多彩的，虽然坐在轮椅上，但是，他去过很多国家进行访问。在苏联访问的时候，他还有一段遭遇：霍金第一次和学生一起去苏联访问，其中的一个学生是浸礼会的教友，这个学生想在苏联散发俄文版的圣经，并请求霍金和学生们悄悄地帮他把圣经带进去。霍金同意了，但是，在返回英国的时候，苏联当局发现了他们的行为，把他们拘留了。不过，当局担心如果给霍金开罚单会引起两国之间的纠纷，仅仅过了几个小时就放他们回国了。以后，霍金六次到苏联访问，并且见到了苏联的科学家们。

霍金曾乘坐潜水艇遨游在深海里，他还大胆尝试乘坐气球和零重力飞行器飞上天空，更加不可思议的是，“维珍银河”飞向太空的飞船上还给他留了座位。

霍金在自传《我的简史》中是这样写的：“我早年的研究证明了经

典广义相对论在大爆炸和黑洞奇点处崩溃。我后来的研究证明了量子论如何能预言在时间的开端和终结处发生什么。如果说我曾经为理解宇宙添砖加瓦的话，我会因此而感到快乐。”

《果壳中的宇宙》

霍金有一本书，被称为《时间简史》之后又一部伟大的著作，书名为《果壳中的宇宙》。在没有读到这本书之前，我先看到了美国几家媒体对这本书的评价：

《芝加哥论坛报》发表评论说：“霍金是一位极其明晰的大师……很难想象其他任何在世的人能将这些数学上令人生畏的主题表述得更清楚。”

《纽约书评》的书评是这样写的：“他机智而清晰地阐述了宇宙物理的奥秘……他拥有无与伦比的头脑。”

《图书目录》这样写道：“这位因研究黑洞本性而名震天下的理论物理学家，作为科普作家正像他作为数学家一样游刃有余……其成果也许是大众天体物理学的最佳著作。多谢你，霍金博士！”

霍金少年时

《果壳中的宇宙》是斯蒂芬·霍金在出版成名作《时间简史》之后的又一本书。霍金为什么要把这本书取名为“果壳中的宇宙”呢？说起书名，还有个很有意思的趣闻。“果壳中的宇宙”来源于莎士比亚的名剧《哈姆雷特》，哈姆雷特在剧中有句台词：“即便把我关在果壳之中，仍然自以为无限空间之王。”（《哈姆雷特》

第二幕第二场）

很多熟悉和了解霍金的读者都知道，虽然他是天体物理学家，但是他不仅喜欢歌剧，更喜欢文学。在学生时代，他就迷恋莎士比亚的作品，很多记者都会吃惊，霍金会背诵很多莎士比亚的作品，而且非常熟练，可见他有多喜欢莎翁。尤其是作为一名理科生，背诵戏剧名段，更是让人敬佩。当年，霍金的著作《时间简史》出版后，它登上伦敦《星期日时报》的畅销书排行榜，竟然达到四年之久，没有一本书能够像《时间简史》这样畅销，霍金自己也感到吃惊，因为它不是一本通俗小说，而是一本科学书籍，而且不容易读懂。

此后，很多人都在关心一个问题，霍金什么时候开始写《时间简史》的续集。那时候，霍金不想写《简史之子》和《时间的稍长历史》，而是在忙于科学研究，根本无暇写书。后来，霍金忙完了，他开始考虑要写一本能够让大多数读者都能读懂的而且区别于《时间简史》的书。

2001 年 5 月 2 日，霍金在他的新书《果壳中的宇宙》里认真地写道："当 1988 年《时间简史》初版时，万物的终极理论似乎已经在望了。从那时开始情形发生了什么变化呢？我们是否更接近目标？正如在本书将要描述的，从那时到现在我们又走了很长的路。但是，这仍然是一条蜿蜒的路途，而且其终点仍未在望。正如古谚所说'充满希望的旅途胜过终点的到达'，我们追求发现，不仅是在科学中，而且是在所有领域中激起创造性。如果我们已经抵达终点，则人类精神将枯萎死亡。但我认为，我们将永远不会停止：我们若不更加深邃，定将更加复杂。我们将永远处于膨胀着的可能性视界之中心。"

《果壳中的宇宙》分为七章，第一章主要写相对论简史；第二章写了时间的形状；第三章写了果壳中的宇宙；第四章是很多读者最关注的一章，就是预言未来；第五章写的是护卫过去，主要探讨的是时间旅行的问题；第六章是关于星际航行的问题，探讨星际航行的可行性；第七章写的是膜的新奇世界。

在这本书中，霍金用通俗的语言和有趣的故事，给读者上了一堂生动有趣的天文课。人类对宇宙的探索一直没有停止过。霍金引用了一个经典的神话故事，就是普罗米修斯盗取火种被惩罚的故事。霍金用这个故事开头，寓意深刻，又发人深省。

霍金在《果壳中的宇宙》中，写过这样一段话："尽管这些警戒的传说，

我仍然相信，我们能够而且应该试图理解宇宙。我们在这方面已有了显著的进展，尤其是在前几年。当然，我们还未得到完整的图像，但已为期不远。”

自从哈勃望远镜出现后，人类就开始了无止境的太空探索，尽管宇宙太空也会发生很多的变化，但是，有一点是不会改变的，那就是霍金说过的：“每个星系都包含难以计数的亿万个恒星，其中许多恒星还被行星环绕。”紧接着，霍金又进行了具体的阐述：“我们生活在围绕着一个恒星公转的行星之上，而这个恒星位于螺旋形银河系的外臂上，螺旋臂上的尘埃遮住了我们在银河系平面上的宇宙视野，但是我们在该平面的每一边的方向圆锥中的视线都非常清晰，而且能够画出遥远星系的位置。我们发现星系大体均匀地分布于整个太空，有一些局部的聚集和空洞。”

每到夜晚，当我们抬头看天空的时候，我们会发现一个问题：夜晚的天空很明亮，看起来就像白天的太阳。对于这个问题，霍金在书中写道：“如果恒星已经辐射了无限长的时间，那么它们就会把宇宙加热到和它们相同的温度。因为每一道视线都会要么终结于恒星的表面，要么终结于被加热至和恒星一样炽热的尘埃云团之上，所以甚至在夜晚，整个天空都会和太阳一样明亮。”

有一个问题，曾经让著名哲学家康德陷入深深的思考之中：“恒星为什么会在几十亿年前忽然点亮呢？”

霍金告诉读者：“宇宙已经存在了无限久时间。但是对于大多数人而言，它和宇宙在仅仅几千年以前从和现在非常相同的初始状态下创生的观念相一致。”

1923 年，哈勃用望远镜观测太空，发现了其他星系。它们看起来非常微小，一定离我们地球很远很远，光线到达地球都需要几十亿年的时间。科学家得出结论：几千年之前，是不会有宇宙起始的。

对于宇宙有没有开端的问题，很多科学家都保持了沉默，霍金在书中说：“许多科学家不愿意面对这个问题。他们企图逃避它，要么像俄国人那样宣布宇宙没有开端，要么坚持说宇宙的开端不属于科学王国的范畴，而是属于形而上学或宗教。依我看来，这不是任何真正的科学家应该采取的立场。”

霍金认为，作为一位天体物理学家，在面对宇宙开端的问题时，应该抛开宗教的观点，给出一个科学的答案。他在书中表达了自己的观点："如果科学定律在宇宙的开端处暂时失效，它们不也可以在其他时间失效吗？如果定律只能有时成立则不能称之为定律。我们必须试图在科学的基础上理解宇宙的开端。它也许是超过我们能力之外的任务，但是我们至少应该进行尝试。"

霍金和彭罗斯进行研究，他们指出：宇宙是有开端的，是从一个大爆炸的一点起始，在大爆炸处整个宇宙和其中的一切都被挤压到这个无限密度的单一的点中。霍金在书中说："爱因斯坦的广义相对论在这一点失效，所以不能被用来预言宇宙是如何起始的。人们面临的局面似乎是，宇宙起源的问题属于科学范畴之外。"

霍金曾把宇宙比喻为一个庞大的赌场，他在书中这样写道："人们可以将宇宙认为是一个庞大的赌场，在每一个场合下骰子都在滚动或者轮子都在旋转。宇宙的情景也是一样。当宇宙尺度很大，正如它今天这样时，骰子被投掷的次数极多，其平均结果就会得出某种可预见的东西。这就是为何对于大系统经典定律有效的原因。但是，当宇宙尺度非常微小时，正如它在邻近大爆炸的时刻，投掷骰子的次数很少，而不确定性原理则非常重要。"

物理学家理查德·费恩曼提出了一种观点："宇宙具有多重历史的思想。"在很多人眼里，这似乎像科幻，如今，霍金明确表态："它现在被当作科学事实而广被接受。"

在书中的第五章，霍金带给读者的是另一个科学观点，那就是关于时间旅行的问题。霍金在第五章把时间旅行称为"护卫过去"。每个人都有属于自己的过去，也有现在，更有未来；而人类的过去、现在和未来都是在时间的长河中度过的，这个问题，也是很多人关心的。

时间旅行这个问题真的就像某些人所说的是虚无缥缈的吗？答案自然是否定的。霍金告诉读者一个事实：时间旅行的讨论是建立在爱因斯坦的广义相对论的基础上，不是凭空想象，更不是海市蜃楼。

在书中，霍金用科学事实进一步证明了时间旅行不是科幻，他说："爱因斯坦方程描述宇宙中的物质和能量如何将空间、时间弯曲和变形，从而使空间和时间变成动力量。在广义相对论中某人由其手表测量的私人时间总是增加，这正像在牛顿理论或者狭义相对论的平坦时空中一样。但是现在有了可能性：时空能够弯曲得这么厉害，使你在乘航天飞船出发之前即已返回。”

霍金提出了虫洞的问题，他说：“如果虫洞存在的话，将会是空间中解决速度极限问题的办法：正如相对论要求的，航天飞船必须以低于光速的速度行进，这样要穿越星系就需要几万年。但是你可以在一餐饭的工夫通过虫洞到达星系的另一边并且返回。”围绕时空旅行的问题，霍金用专业术语来解释这个问题，他说：“时空是否允许封闭的类时曲线？也就是说，它会一次又一次地返回其出发点吗？我将把这类路径称为‘时间圈环’。”

霍金在书中，从三个水平上回答了时间旅行的问题。他说：“首先是爱因斯坦的广义相对论，它假定宇宙具有定义很好的没有任何不确定性的历史。我们对这一经典的理论有相当完整的图像。然而，正如我们已经看到的，因为我们观察到物质遭受不确定性和量子涨落的制约，这个理论不能是完全正确的。因此我们能够在第二水平，也就是在半经典理论上探索有关时间旅行的问题。在这个水平上，我们按照量子理论来考虑物质的行为，它具有不确定性和量子涨落，时空是明确定义的经典的。这里的图像不甚完整，但是我们至少有了如何进展的一些概念。最后，存在完整的量子引力论，而不管其最终是什么样子的。”

紧接着在第六章，霍金写到了关于未来、关于星际航行是否可行的问题，他说：“生物和电子生命将如何不断加速发展其复杂性。”

与其展望未来，不如踏踏实实地过好现在。星际旅行的生活，也并不是每个人所憧憬和向往的。面对现实，还是爱护我们生活的地球。如今，电力消耗就存在于我们的生活中，家用电器越来越多，工业用电也越来越多，我们在不停地消耗着电力。霍金教授给我们提出了警示，如果不控制用电的话，未来的人类是不是会生活在火球之中呢？

名人名言·励志

1. 困境催人奋发，激起自强自立的力量。

——[坦]夏邦·罗伯特

2. 逆境造英雄。

——[古希腊]米南德

3. 一个哲学家曾经说过，宇宙中最伟大的事物是好人与逆境搏斗。

——[英]哥尔德斯密斯

4. 我们一般人，非要亲眼看见更恶劣的环境，就无法理解原有环境的好处；非要落到山穷水尽的地步，就不懂得珍视自己原来享受到的东西。

——[英]笛福

5. 逆运也有它的好处，就像丑陋而有毒的蟾蜍，它的头上却顶着一颗珍贵的宝石。

——[英]莎士比亚：《皆大欢喜》

6. 泰然自若是应付逆境的最好办法。

——[古罗马]普劳图斯：《绳索》

7. 在漫长的人生旅途中，有时要苦苦撑持暗无天日的境遇；有时却风光绝顶，无人能比。所谓人生的况味或深度，可能就在这里。

——[日]松下幸之助

8. 顺境也好，逆境也好，人生就是一场对种种困难的无尽无休的斗争，一场以寡敌众的斗争。

——[印度]泰戈尔

9. 顺境造就幸运儿，而逆境造就伟人。

——[古罗马]小普林尼

10. 逆境造就人才，而顺境却埋没人才。

——[古罗马]贺拉斯

◁ 第五章 ▷

Hawking

真实的霍金

如果生活没有了乐趣，那将是一场悲剧。

——[英]霍　金

▶ 走近霍金

在某些人的眼里，科学家都是一些性格孤僻古怪的人，有时候还带点神经质，霍金曾在他的演讲中说过这样一段话，他说："一位在实验室中制造弗兰肯斯坦机器人的疯子科学家的卡通人物便是这种不信任的明证。"这是因为对于很多人来说，他们不理解科学家，不信任科学家。理解、信任和尊重科学家，应该是每个人最起码的道德和修养，如果没有科学发明，这个世界就不会如此繁荣。

科学家并不像某些人想象的那样，他们也会生活，也有自己的兴趣和爱好。

霍金在外人的眼里，是著名的理论物理学家。对于理论物理学，在霍金没有出现之前，大家只知道爱因斯坦。霍金出现了，他就像一轮太阳，照亮了理论物理界的天空，除了研究理论物理学，他的兴趣爱好是很多的，比如：听音乐、当演员、参加电视和广播电台的栏目当嘉宾。

在霍金很小的时候，他的父母就带他去剧院听歌剧，培养了他在歌剧方面的爱好；霍金的父母买来很多书，又培养了他读书的爱好。在霍金成名后，他的兴趣爱好就更多了，他参演了多部电视剧和动画片，在电视剧中，他扮演的就是物理学家，也有人称他为天才的演员。

霍金最喜欢瓦格纳的音乐，尤其是《齐格菲田园乐曲》。从他 21 岁患病到如今，瓦格纳的音乐陪伴他走过了人生的风风雨雨。当年，瓦格纳的乐曲回荡在研究生宿舍的时候，他的人生正是低谷期，身患重病，博士论文还没有写完，工作和事业都没有起步，未来一片迷茫。那时候，霍金与简认识没多久，

青年的霍金

爱情的火花在他们心中燃烧，他却被查出了疾病，他的内心在挣扎。

1995 年 8 月，当功成名就的霍金教授出现在阿斯本音乐节上，热爱他的人们呼喊着他的名字，那些掌声和欢呼声，带给霍金巨大的幸福。霍金坐在轮椅上报幕，第一个节目就是瓦格纳的作品。霍金用语音合成器为观众们介绍这部作品，他是这样说的：“《齐格菲田园乐曲》是瓦格纳在 1870 年写的，专为在圣诞节之晨在他的新婚妻子卧室演奏的。我现在与我的未婚妻伊莱恩在这里，我们将在 9 月结婚，我想这乐曲将会是非常合适的。”

当熟悉的旋律在舞台上响起的时候，这位被大家称赞的最伟大的物理学家，他的内心是沸腾的，就像他的灵魂能遨游宇宙，此时的他，灵魂一定遨游在音乐的殿堂，与瓦格纳在音乐的世界中飞舞。

20 世纪 90 年代，霍金频繁在广播电视上露面。一位科学家，逐渐变成为大众眼里的科学明星，他从学院和研究室走上了荧幕，借助媒体的传播和影响，成了所有人都熟悉的超级明星。他是前无古人的科学家，笔者不知道他会不会后无来者。随着霍金在媒体上的频繁出现，在英国国内，也出现了另一种批评的声音。有人说，霍金曾经是顶尖级的物理学家，但是近些年，他的能力正在减退，没有了学术成果的霍金，只能依靠媒体的炒作来成名发财。

有两部电视剧，曾经在中国国内引发过追剧热潮，一部是科幻电视剧《星际迷航：下一代》，另一部是情景喜剧《生活大爆炸》。在电视剧《星际迷航：下一代》第六季中，他在第二十六集扮演的角色是自己。故事发生在 24 世纪，让·卢克·皮卡德舰长率领企业号探索天空的冒险故事。霍金扮演的自己，在太空船里，他正和牛顿、爱因斯坦等大师下棋。

这部关于太空旅行的电视剧，在各大网站的收视率都很高，而且都是付费才能收看的。该剧的乐谱都成为各大购物网站的畅销乐谱，在青少年当中掀起了太空热潮。

有时候，很多青少年都会想象：假如有一天，他们也能乘坐企业号，在太空中旅行，那会是多惬意的事啊！不过，太空旅行即使能在未来开发出来，也不是所有的人都适合去做的。太空旅行毕竟是冒险的事情，对于身体的要求是相当苛刻的，假如没有健康的体魄，是不可能遨游到太空的。

霍金参加演出的另一部热播剧是《生活大爆炸》，这部剧在美国国内就是收视率很高的电视情景剧之一。在其中，霍金扮演的角色就是自己。男主角谢尔顿是物理系的客座教授，他是霍金的粉丝，为了能见到霍金，他甘愿做任何事，甚至把自己打扮成女仆的样子，上演了一系列搞笑的故事。

虽然霍金在该剧中只出现了两分钟，但是，他坐在轮椅上，给了谢尔顿一个犀利的眼神，那个眼神的杀伤力，迷倒了很多观众。网友们调侃道：“那是霸气侧漏的小眼神，眼神绝对到位。”

霍金教授为什么要用那么犀利的眼神看谢尔顿呢？原来，谢尔顿给霍金看的论文里，出现了低级的错误，被霍金教授看了出来，并且指出了错误，谢尔顿当时晕倒在地，霍金看着谢尔顿，调侃他为“晕倒粉”。于是，热爱霍金的粉丝们发现：教授竟然也有不错的表演技巧，一分钟就可以秒杀谢尔顿。

早在 1992 年，霍金就做客过英国广播公司的《荒岛唱片》节目。这个节目是一个有几十年历史的老牌节目，节目时长 40 分钟，1942 年开播到现在，拥有很多忠实的听众，采访了很多的作家、电影演员、科学家。采访霍金的这一期节目是作为 1992 年圣诞节特别节目播出的，当年的访问者名叫苏·洛雷。

下面摘录几段当年的采访，让更多的读者了解一个更加真实的斯蒂芬·霍金。

问：“斯蒂芬，你在许多方面已经非常熟悉荒岛的寂寞，脱离了正常的身体动作以及被剥夺了自然的交流手段。请问你有多孤单？”

霍金答：“我认为自己没有脱离正常生活，我以为周围的人也不这么认为。我不觉得自己是个残疾人，只不过我的运动神经细胞不能运作罢了，不如讲我仿佛是个色盲的人。我想我的生活几乎谈不上是寻常的，但是我觉得精神上是正常的。”

问：“尽管如此，你已经向自己证明了，不像《荒岛唱片》上的多数落难者那样，你在精神和智慧上是自足的。你的理论和灵感足以使自己忙碌不停。”

霍金答：“我觉得自己天性有点害羞，而且我交流的困难迫使我依赖自己。但是小时候我是个多话的孩子。我需要和他人讨论来激励自己。我觉得向他人描述自己的思想对我的研究大有裨益。即使他们没有提供任何建议，仅仅组织我的思想使他人理解，就时时将我引向新的方向。”

问：“但是，斯蒂芬，你情感上如何得到满足呢？即便是杰出的物理学家也必须从他人处得到这些啊！”

霍金答：“物理学尽管美妙，却是冷冰冰的。如果我除了物理学外

一无所有，则无法活下去。正如所有人那样，我需要温馨和爱情。还有，我是非常幸运的，比许多患相同病的人幸运得多，我受到了大量的关爱。音乐也是我生活中的重要部分。”

问：“请告诉我，是物理学还是音乐带给你更多的快乐？”

霍金答：“我要说，我把物理学问题全部澄清后获得快乐的强度，是音乐从未曾带给我的。但那是一个人生涯中可遇不可求的现象，而你想听音乐时只要把光碟放在唱机上即可。”

当主持人问霍金如果在荒岛上他会听什么唱片的时候，霍金想了想回答道：“帕伦克的《格罗里亚》。”1991 年夏天，霍金在科罗拉多的阿斯平第一次听到这首乐曲。那一年夏天，物理会议在那里召开，靠近物理中心，有一个音乐节，这个音乐节与众不同，地点是在巨大的帐篷内。当霍金和科学家们在研究如果黑洞蒸发宇宙会发生什么问题的时候，演奏的音乐声就传到了他们的耳朵里，此时的霍金感到无比的快乐，因为他最喜欢音乐和物理完美结合了。

霍金在节目里调侃，假如在荒岛上，他能同时拥有物理和音乐，他不想离开荒岛，也不希望被拯救出来。

在谈到霍金已经失声 7 年的问题时，他是这样回答的：“那是 1985 年的夏天，我在日内瓦的欧洲核子中心访问，那是一座巨大的粒子加速器。那年，我得了肺炎，被送到医院急诊。日内瓦的医生告诉我妻子，我不能再活下去了，他们准备撤走维持我生命的生命维持系统。但是，我妻子不同意医生这样做。我被用飞机送回到剑桥的阿登布鲁克医院。在那里遇到一位医生，他给我做了手术，救了我的生命，但是，从那以后，我就不能说话了。”

在节目快要结束的时候，主持人祝霍金教授圣诞快乐。霍金也祝主持人圣诞快乐，并说了这样一句话：“我敢打赌说我的天气比你的更加怡人。”

霍金在无线电广播电台做完嘉宾后，他不再满足只在电波里听到自己的声音，又把目光投向了荧幕。有一年春天，英国电信公司邀请霍金成为他们公司的代言人，为英国电信公司做广告宣传，这个广告片时长 90 秒，广告片想要表达的主题是交流信息在人们的生活中是非常重要的。主要的目的是要人们用电话来交流，电信公司就可以挣到更多的钱。

霍金的这次商业广告让他有了一笔不小的收入。对他来说，他终于从幕后走到了幕前，为以后获得更多的宣传机会打下了基础。在很多的英国人的心里，提起霍金，让他们想到的不是著名的天体物理学家，也不是写出畅销科普读物《时间简史》的作者，而是英国电信公司广告代言人。

很多人认为：霍金始终处于矛盾之中难以走出来，他一方面很喜欢接触媒体；另一方面，他又觉得媒体泄露了他太多的隐私。这位从理论物理学研究室走出来的科学家，在大众的眼里，已经成为了明星。

1997 年，一部《斯蒂芬·霍金的宇宙》在电视台播放，这是他首次正式亮相荧幕，并再次成为英国观众眼中的巨星。

如今的霍金，既是科学家，又是科普作家，还是娱乐界明星。他还成为互联网上的明星，世界各地的网友中，很多都是他的粉丝，普通的网友也会和霍金教授讨论关于宇宙的问题。有支持者必然会有反对者，那些反对霍金的人也会把他们的反对观点发在网站和论坛上。

超级巨星霍金教授之所以选择接触媒体，是因为媒体能给他更多更广泛的宣传，就像当年霍金教授出版《时间简史》，就是想用通俗的语言向大众普及宇宙的科普知识。这些年，他把研究宇宙的成果，制作成电视纪录片，在电视台播放。借助电视这个大众娱乐平台，能更好地普及他的天体物理学，何乐而不为呢？

不管有多少人站在霍金的对立面去批评他、指责他，霍金这个名字都是一个不朽的传奇。除了他，谁能够抱病坐在轮椅上坚持几十年来研究天体物理学？谁能够带病到处演讲，把演讲的收入用来帮助更多患有运动神经元疾病的人？

《霍金传》结尾有一句话："一个人必须足够成熟才会认识到，人生是不公平的。不管你的境遇如何，你只能全力以赴。"

人生有时候又是公平的，它给每个人的时间都是一样的。我们每个人活在世界上，都是一年要过 365 天，有人会珍惜，有人会荒废，有人碌碌无为，有人为梦想努力奋斗。想要人生精彩，就必须努力，付出一定会有回报。

《乔治的宇宙》

在霍金众多的著作中，最让人喜欢的是他和女儿合作的系列儿童科普图书。因为，那是当了祖父和曾祖父的霍金送给孙辈们的礼物，包含着他对后代的爱。霍金和女儿合作的《乔治的宇宙》，也是献给世界上所有儿童的珍贵礼物，他的内心深处，还有一颗纯真的童心。

在成人的眼里，很多人把童书看成很低幼的东西，把童书作家说成是小儿科。当我们告别童年，踏入成人世界，即使再纯真的人，或多或少都会用成人的眼光看待孩子，孩子的世界再美好，成年人真的能读懂吗？大概每个人小时候都有过一个飞天的梦想，想知道金星到底是什么样子，想知道水星上面是不是真的有水，想知道木星上面到底有没有生物，想知道火星是不是真的适合人类居住，孩子们的大脑里会有一个又一个问号，这些问号，就像乘坐宇宙飞船去太空探索。

《乔治的宇宙》这套书共三本，分别是《秘密钥匙》《寻宝记》《大爆炸》。每本书都十七万多字，每一本带给孩子的都是不一样的天空。我们先来看看《秘密钥匙》，在这本书里，我似乎找到了霍金童年时代的影子，封面上，一个男孩带着一只宠物猪漫游宇宙，也是有着深刻涵义的。作者引用了爱尔兰作家奥斯卡·王尔德的一句名言：“我们都在深沟中，但其中的一些人却在仰望星空。”

少年乔治出生在一个普通的家庭，父母都是环保人士，他们家里没有一件像样的电器。乔治父母不追求时尚，他的衣服和学习用品都不时髦，他的性格内向，在学校里，经常遭到同学的欺负和嘲笑。乔治热爱科学，他根本不在乎同学的嘲笑，他照样生活得很好，内心世界永远充满阳光。

有一天，乔治养的宠物猪跑进了邻居家，他为了找到自己的宠物猪，敲开了邻居家的大门，由此认识了宇宙学家埃里克和他的女儿安妮。埃里克有一台超级电脑，在超级电脑的帮助下，乔治带着宠物猪实现了畅游太空的梦想。他们乘着彗星来到了木星、土星等行星上旅行，遭遇了小行星风暴，遇到了危险。他们见到了宇宙中很多奇特的景象，让乔治大开眼界。

乔治遇到了一个名叫雷帕的博士，他是一个没有道德的科学家，为了自己的利益可以伤害别人的生命。科学家埃里克被雷帕骗到黑洞，黑洞将要把埃里克吃掉。乔治、安妮和她的妈妈在地球上到处寻找，终于找到了被坏人偷走的超级电脑。超级电脑很神奇，它能从太空中收集那些落到黑洞里的信息，并把它们恢复成原来的样子。埃里克从黑洞里逃了出去，雷帕博士的阴谋破灭了。

乔治回到校园后，在学校的科学比赛中获了奖，他的科学主题就是他自己的太空历险经历。乔治在讲演中说道：“我们要开启宇宙，实际上不需要实体的钥匙，但需要一个非实体的钥匙——物理学。”

作者的寓意很清楚：埃里克战胜雷帕，象征着正义战胜邪恶，科学一定能战胜愚昧。书虽然是写给儿童的，但是成年人也喜欢充满童趣的语言和超级的想象力，更喜欢那些通俗的科普知识。不是每个成年人都能看懂专业的科学书籍，通俗的科普知识，更容易让人爱不释手。

《秘密钥匙》这本书，吸引人的不仅是乔治在太空经历的惊险故事，还有丰富的科学知识和新奇的天文知识。比如，提起冥王星，很多读者都会想到我们在原来的地理课上学过的内容，围绕太阳公转的有 9 颗行星，分别是：金星、木星、水星、火星、土星、地球、天王星、海王星、冥王星。2006 年 8 月，冥王星被从九大行星中删除了，国际天文学联合组织不再把冥王星称作行星，它有了一个新名字，叫作矮行星。

在书中，像这样的天文知识很多很多，孩子们看了这些知识后，就像手中有了一把开启天文学的万能钥匙，打开了通往宇宙的大门，让爱科学的孩子们越来越聪明。当小读者拿到这把神奇的钥匙，带着好奇走进宇宙世界的时候，他们会惊讶地发现：原来，宇宙是这样的，月亮和行星都是按照一定的规律升起落下的。

《寻宝记》讲述的故事和外星人有关系。这个故事的主角是三个孩子，除了第一部出现的乔治和安妮，又出现了一位 9 岁的电脑天才艾米特，三个孩子的冒险故事就此开始了。

科学家埃里克告别英国，来到全球空间部工作，这个地方位于佛罗里达。学校放暑假了，于是，安妮和乔治也跟随埃里克来到了佛罗里达，安妮此行的目的，是要带着乔治再来一次太空探险。这些年来，埃里克一直在研究火星上是不是曾经有生命存在过，目的是把人类送到火星上居住。于是，埃里克研究出了名叫“荷马”号的机器人，它载着一种非常特别的仪器到火星探测。

“荷马”号飞向天空，9 个月后，“荷马”号成功在火星上登陆，遗憾的是，它不能成功地把到达火星的信号发回到地球上，埃里克很着急。安妮为了帮助父亲，悄悄打开了超级电脑。安妮竟然收到了示意图，她产生了怀疑，她认为：一定是“荷马”号找到了外星人，外星人用“荷马”号给她的父亲埃里克发来的信息。

这时候，安妮解读信息，忽然发现一件可怕的事情：外星人妄想彻底毁灭地球，她把这件重要的事情告诉了埃里克。但是，父亲听完她的汇报后，却摇了摇头，说那是“荷马”号发生了故障，所以才会给他发来错误的信息。埃里克认为，那些外星人的故事都是作家和编剧想象出来的。

安妮不同意父亲的想法，她决定做拯救地球的英雄，于是，安妮和乔治做出了一个重大的决定：跟踪线索。在航天基地发送航天飞机的时候，安妮和乔治联手 9 岁的艾米特，通过超级电脑的帮助，到达了火星北极地区。在那里，他们见到了来到火星后就遭遇了风暴的“荷马”号。“荷马”号联系超级电脑来帮助他们，超级电脑把他们救出来以后，立刻将他们送到土卫六。两个孩子在土卫六上面又发现了新的线索，超级电脑又快速地把他们送到了人马座阿尔法星上，它是一颗行星。

埃里克发现两个孩子的行踪后，立刻赶来救援，他们又去了卫星，准确地说是巨蟹 55A 的第五颗行星的卫星。在那个地方，埃里克没想到的事情发生了，他竟然遇到了他的仇敌雷帕博士，这个雷帕博士就是在《秘密钥匙》中把埃里克骗入黑洞的那个没有道德的科学家，故事由此进入高潮。

《乔治的宇宙》第一部《秘密钥匙》出版后，霍金曾经这样说：“给儿童解释科学要比较容易些，因为他们没有成见，乐于学习……我从来没有听说过有与《乔治的宇宙之秘密钥匙》类似的著作。我认为我们的著作可能是独一无二的。”

霍金的女儿露茜曾这样说：“我父亲认为，现在有太多的科学幻想(描述宇宙)，而我们只讲述科学事实。我们要做真实的科学。”

在第一部《秘密钥匙》中，埃里克和雷帕博士是敌人；在第二部《寻宝记》中，他们在行星上通过谈判化敌为友。他们从地球带来的氧气已经很少了，眼看着要消耗光了。在氧气还有一点点的时候，他们一起回到了地球。这两个人的经历，不禁让人想到冷战时期，让人啼笑皆非的故事：实际上，苏联和美国两个国家是对手，但是，从表面上看，两方的宇航员都在太空行走，他们还在空中握手。

这些年来，人类一边在探索宇宙的开始问题，一边寻找地球之外是否还有生命存在。如今，地球还是我们赖以生存的美丽家园。霍金也一直在研究其他星球上是否还有生命。《寻宝记》从字面上理解，是在寻找宝贝，这不是普通的宝贝，而是来自天外的生命。

这本书对孩子的纯真、善良和勇敢点赞，同时，也对某些成年人的自私和不道德进行了讽刺。

《寻宝记》这本书对生命起源和太空航行，都进行了新的研究。最有趣的是“宇宙用户指南”，这些顶尖级的大师，用通俗易懂的语言，让孩子们了解了宇宙，这才是大师们应该做的事情。与其夸夸其谈，不如安静下来，真正给未来的孩子们留下一些有价值的东西。

在“宇宙用户指南”中，详细地叙述了读者应该怎样去理解宇宙，对电磁力、弱力、强力和引力都进行了具体的分析。想要了解这些知识的读者，可以打开《寻宝记》的“宇宙用户指南”，仔细研究一下。

《寻宝记》出版后，立即在美国引起了很大的轰动，《今日美国》曾这样评论说：“更适合年轻读者的更简明的《时间简史》。”

很多的父母可能都会头疼，因为孩子会遇到很多的问题。不是所有的父母都是天才，都是科学家，如果当好奇的孩子遇到科盲父母的时候，那真的是很让人郁闷的事情。如今，这套书的出版，对科盲父母来说，真的就是下了一场及时雨。

在第三部《大爆炸》中，故事就更加精彩了，这个故事是从乔治的宠物猪弗雷迪开始写起的。宠物猪弗雷迪长大了，它长得就像一头小象那么大。乔治不能再把它带在身边当宠物了，乔治的父亲只好把宠物猪弗雷迪送到动物农场。宠物猪弗雷迪在动物农场的日子是不开心的，这时候，乔治和安妮就想在宇宙中给宠物猪找一个适合它居住的地方。在超级电脑的帮助下，两个人开始在宇宙中寻找适合宠物猪住的地方，结果，他们竟然发现了一个反科学的组织。这个组织反对安妮的父亲，也就是研究宇宙的科学家埃里克，埃里克的父亲发明了大型强子对撞机，这个组织的成员准备炸掉它，并且也要炸死埃里克和所有研究科学的人。这个大型强子对撞机不是一般的机器，而是在进行一种实验：宇宙从大爆炸到创生的实验。

第三本书的情节更加紧张惊险好看，其中他们的新朋友文森特说过这样一句很经典的话：“任何人试图改变过去把自己变为正确，把他人变为错误，那么都是不可信任的。”书中还有一句经典名言：“超级电脑具有同情心，同情心使它具有创造力。”

在《大爆炸》的第七章，安妮的父亲埃里克做了一次科学讲演，题目就是“大爆炸”，他是这样说的：“又过了45亿年，从该恒星往外的第三颗行星，将是在已知的宇宙中人类可以舒适存在的唯一地方。他们——你们——会看到恒星、气体和尘埃云、星系和太空中无所不在的宇宙微波背景辐射——但看不到暗物质，虽然它们在物质中占大部分。你们也不可能看到如此深远，因为甚至从其远端发出的CMB光子尚未到达我们这里，真的，在宇宙中可能还有不少地方，那里发出的光将永远到达不了我们的行星。”

在我的眼里，这是一套让成年人看了也会觉得好看的书，如果大家看不懂成人版的《时间简史》，那就看看这套《乔治的宇宙》，一样会给读者带来震撼。

霍金和他的女儿撰写的这套系列的科普童书，并不是科幻童书，因为作者给小读者讲解了很多科学知识，更有意思的是，这本书还有点童话的感觉，这就让小读者们更加喜欢。如果在童年时代，有这样一套作品相伴，孩子们的生活将不会单调，他们会学到书本上没有的知识，用丰富的想象力打开一扇通往科学殿堂的大门。

▶ 希格斯粒子

所谓的“上帝粒子”，又叫“希格斯玻色子”，或简称“希格斯粒子”，它是以英国物理学家彼得·希格斯的名字命名的一种粒子。要解释希格斯玻色子，首先要从粒子物理学的标准模型说起。

早在1967年，美国物理学家史蒂文·温伯格发表论文，指出一切物体都是由轻子和夸克这两大类基本而不可再分的粒子构成的，并尝试将电磁相互作用力、强相互作用力和弱相互作用力统一起来。到目前为止，几乎所有对以上3种力的实验的结果都合乎他的这套理论的预测。用英国理论物理学家佛尔莎的话说，标准模型就像它的名字一样雄心勃勃，它若成立就意味着“我们肉眼可见的一切，无论多么复杂而多元，都是由一小撮基本的粒子根据同样简单的规律相互作用而构建起来的”。

也就是说，这几乎是一个可以解释一切的理论。但是他的这一理论并不是万能的，因为它剔除了自然界的引力。

在标准模型的论文发表后，一开始根本没人相信这个，直到20世纪70年代初期，其预言的“中性流”首次被实验证实，该模型理论才为学界重视。在随后的20多年里，这个模型经受了各种挑战，终于在1979年荣获了诺贝尔奖。直到今天，它所预言的62种基本粒子已有61种被成功发现，剩下的一个，便是希格斯粒子。虽说这个粒子只是1/62，但偏偏是这个漏网之鱼，恰恰是“标准模型”这幢摩天大楼的根基所在。

希格斯粒子被认为是整个标准模型的基石。在它被预言之前，标准模型有一个致命缺陷——因为它剔除了自然界的引力，所以它所演绎出的世界里没有质量。直到1964年，英国科学家彼得·希格斯提出了希格斯场的存在，并假设希格斯玻色子是物质的质量之源，标准模型这才得以自圆其说。正因为该粒子的重要性，希格斯玻色子又被称作“上帝粒子”。

自此之后，一场前仆后继的寻找征途开始了。为了找到这个“上帝粒子”，科学界可谓是出动了最强阵容。大型强子对撞机（LHC）就是物理学家为寻找“上帝粒子”所做的最新尝试。

在大型强子对撞机启动前，霍金公开表示自己认为大型强子对撞机不会证实“上帝粒子”的存在。他表示：“如果我们没有在试验中发现希格斯玻色子的存在，那么这将是一件更令人激动的事情，因为这表明我们在某方面做错了，我们需要重新来考虑这件事情。我已经打赌100美元，他们不会找到‘上帝粒子’。”霍金虽然下此赌注，但他仍旧认为，无论大型强子对撞机能发现什么，都将会更进一步地告诉人类许多关于宇宙形成的信息。

霍金的赌注刚下，物理学界就为此沸腾了，希格斯本人悲痛地回应说，霍金的挑战“就像是在批评已经去世的戴安娜王妃”。该争论在媒体的报道中持续升温，而对希格斯粒子抱怀疑态度的也确实大有人在。一个德国的年轻物理学家Unzicker精心打造了“赌一赌希格斯”的网站，公开宣称他不相信希格斯粒子的存在。Unzicker在其网站宣传栏的位置上写道：“这是一个可以花上好几个月来讨论的争议性话题，在这种情况下，德国哲学家康德会建议我们打个赌，他说，打赌是区分笃信和随

意观点的最好方法。”Unzicker 像霍金一样押下 100 美元的赌注，邀请各方网友与他打赌。

要想揭开赌局的结果，就要去寻找这个微乎其微却又构成一切的“上帝粒子”。但是即便是派上了全世界最顶尖的技术和最优秀的物理学家，要逮捕支撑宇宙根基的这一个粒子，依然比大海捞针还难。虽然有这么多人质疑，但是物理学界还是坚定不移地进行着对“上帝粒子”的寻找。在法国和瑞士边境之处的大地之下，一条长 27 公里的圆形隧道里大型强子对撞机开始运行了——这个空旷的地下世界相当于 4 个梵蒂冈那么大。

自 2010 年 3 月正式启动以来，大型强子对撞机在每秒钟都会进行千万次爆炸。在一条环形加速管道中，方向相反，各具有 3.5TeV（兆兆电子伏特）能量的质子团在 4 个对撞点不断碰撞。几百电子伏特的 X 光就足以把人类“穿透”，兆兆级别的能量会使质子在对撞时完全被打碎，无数粒子瞬间喷发，仿佛一次“宇宙小爆炸”。在每一个对撞点上都架着一个上万吨重的粒子探测器，它们将对撞点严实地包裹起来，并承载着不同的实验功能。其中，它们的使命之一就是探索可能出现的希格斯粒子的信号。

在每一次爆炸的瞬间，各种产生的数据会通过计算机网络系统传送到位于日内瓦的欧洲核子研究中心，随后数据会被分别送到分布在 5 个地区的计算机站点，再之后数据最终分别抵达全球 80 多个国家的科学家电脑中，他们中有 3000 多名专门负责分析可能出现的希格斯粒子。

希格斯粒子产生的几率非常低，大约在 0.1% 左右，也就是说，每 1000 次的质子对撞才可能产生一次。1000 次的质子对撞很容易，但是每次产生一个希格斯粒子，它都会在十亿分之一秒后，通过不同渠道衰变成光子和轻子等其他粒子。

自运行以来，大型强子对撞机内每一秒钟发生着大约 4000 万次的质子对撞。初步排除一些“没有意义的事件”之后，这些极其庞大的数据便逐步分流到在全球不同角落工作的物理学家手里。物理学家们通过不同的分工，分别监控着希格斯粒子的衰变渠道，分析研究数据，以此捕捉它的痕迹。而每一次从提取原始数据到最后得出分析结果，都要经过半年时间。大型强子对撞机的实验结果一度让人沮丧。在运行了 20 个月之后，科学家们发现在不同衰变渠道上没有看到任何希格斯粒子可能会出现的迹象。许多国家都在大型强子对撞机上投了钱，光在筹建阶段，大型强子对撞机就使用了来自 40 个国家的 60 亿欧元，此后，对撞机每运行一个小时，都需花费大约 20 万瑞士法郎，这些费用同样由参与实验的国家分摊。而这结果，不能不说是让人失望的。

不仅如此，追溯以往，在大型强子对撞机运行以前，它的前身——正负电子对撞机的实验工作就已经开始。

早自 1989 年起，就在大型强子对撞机如今安身的那条隧道里，正负电子对撞机运行了 11 年，一直没有发现希格斯粒子。2000 年，为了腾出空间打造能量更大的大型强子对撞机，正负电子对撞机停工了。

同样地，在大洋彼岸的美国，费米实验室的 Tevatron 加速器更是在 1985 年便开始对撞，在长达 26 年的运行时间里始终没有发现希格斯粒子的身影，后来该加速器也因预算问题而关闭。

事实上，这些加速器不是没立下功劳：正负电子对撞机的实验告诉我们，在它们能够达到的能量范围内，希格斯粒子不在那里，也就是说，在 114GeV（10 亿电子伏特）以下的能区不会存在希格斯粒子了。根据爱因斯坦的相对论，一个粒子质量越大，就需要越大的能量才能把它撞击出来。在此之后的，也就是现在的大型强子对撞机，则不断排除着更高的能区，一度把 145GeV 到 480GeV 的能区搜了一遍，也基本确定希格斯粒子不会在该区间内出现。在这些努力下，希格斯粒子可以藏身的地方已经越来越小。参与实验的科学家已经进一步把窗口缩小到 115 GeV 到 130 GeV 之间，这个结论让全球物理界屏住了呼吸，一些媒体甚至开始炒作“希格斯粒子可能并不存在”，《科学美国人》杂志也发表文章，讨论霍金是不是“刚刚赢了那场物理史上最狂妄的打赌”。

爱打赌的霍金曾经跟物理学家基普·索恩“豪赌”过 3 回，难道，这回霍金要漂亮地扳回一局？ 2012 年 7 月 4 日，欧洲核子中心举行新闻发布会，该中心总主任罗夫·赫尔博士伴着泣声，眼含泪花，激动地宣布已经观测到“类似‘上帝粒子’特性的一颗新粒子”。他激动地宣称，人类在理解自然世界上跨越了里程碑式的一步。

这一重大新闻的宣布赢得现场热烈的掌声。对“上帝粒子”做出预言的英国著名物理学家彼得·希格斯也参加了现场的新闻发布活动。据英国《每日电讯报》报道，在欧洲核子研究中心宣布这一发现结果之后，霍金略带愉快地表示，希格斯应该就此理论获得诺贝尔奖：“我曾经打

赌说不会发现希格斯玻色子，现在看来我输了 100 美元。”

滑稽之处在于，在同代的众多杰出物理学家当中，正是霍金第一个预言了物理学将很快得到关于自然的完备的统一理论，从而使物理学寿终正寝。他是在 1980 年提出的这个预言，就在他被任命为剑桥大学卢卡斯数学教授职位之后不久；而 300 年前的牛顿，也曾担任过这一职务。（几乎没有听众注意到，在名为“理论物理已经接近尾声吗？”的演讲的末尾，霍金曾说：“鉴于计算机的快速发展，它们很快会在智力上超过创造它们的人类，并且自己得出终极理论。”）霍金在《时间简史》一书中更详细地阐述了其预言，他在该书的结束语中宣称，得到终极理论会帮助我们“知道上帝的心智”。这句话表明终极理论会给我们留下一个神秘的启示，我们将在这一启示的光环笼罩下打发此后的岁月。

但在这本书前面部分讨论他所谓的无边界宇宙假说时，霍金对终极理论可能解决的问题提出了一个完全不同的观点。无边界假说提出了一个古老的问题：大爆炸之前存在什么？我们宇宙边界之外存在什么？按照无边界假说，整个宇宙的历史，所有空间和时间的历史，形成一种四维球：时空。讨论宇宙的肇始或终结，就像讨论一个球的起点和终点一样，毫无意义。因此，霍金推测，物理学在被统一后也会形成一个完美无缺的整体，也许仅仅只有一种完全自洽的统一理论，才能产生我们所知道的时空，上帝在创造宇宙时可能别无选择。

“那么，造物主将置身何处？”霍金问。他的回答是，没有造物主容身之处，一个终极理论将会把上帝以及伴着上帝的神秘排除出宇宙。像史蒂文·温伯格一样，霍金希望把神秘主义、活力论、神创论等，从其最后的避难所之一，也就是宇宙起源问题中彻底驱赶出去。根据一个传记作家所说，霍金和他的妻子简之所以在 1990 年分道扬镳，部分原因就在于，作为一个虔诚基督徒的简逐渐被丈夫的无神论所触怒。

在《时间简史》出版后，另外几本书继续讨论了物理学是否会达到一个完备的终极的理论，一个能回答所有问题并因此会使物理学终结的理论。那些宣称这样一个理论根本就不存在的人，更倾向于使用哥德尔定理和其他一些深奥定理。但是在霍金的研究生涯中，他认为达到一个万物至理面临着一个更基本的障碍。只要仍存在着与霍金一样拥有超凡想象力的物理学家，他们就永远不能完全根除宇宙的神秘，永远不能找到终极答案。

霍金与其说是个真理的追求者，不如说是一个艺术家，一个幻想家，一个喜欢开宇宙玩笑的人。我怀疑，他一直清醒地认识到：找到并从经验上证实一个统一理论是极其困难的，甚至是不可能的。他宣称，物理学正处于找到终极答案的边缘，这可能是一段反话，与其说是一个断言，不如说是一种挑衅。1994 年，霍金曾告诉一位记者，物理学可能永远也不会达到一个终极理论，其实他已承认了这一点。霍金是反讽物理学和反讽宇宙学的大师级的践行者。

名人名言 · 励志

1. 巴尔扎克的手杖上写着："我摧毁一切障碍。"我的手杖上则写道："一切障碍摧毁我。"

——[奥] 弗朗茨 · 卡夫卡

2. 逆境要么使人变得更加伟大，要么使他变得非常渺小。困难从来不会让人保持原样的。

——[美] 诺曼 · 文森特 · 皮尔

3. 名声是美德之母。

——[古希腊] 彼翁

4. 显赫的名声是一种巨大的音响：其音愈高，其响愈远。

——[法] 拿破仑

5. 好的名声是一颗宝石。

——[英] 约翰 · 范布勒

6. 没有东西像一个清洁的名声那样可贵。

——[英] 拜伦

7. 能够遗传后世的名声就好像橡树，长得既慢，活得也就久；延续不长的名声好比一年生的植物，时期到了便会凋零；而错误的名声却似菌类，一夜里长满了四野，很快便又枯萎。

——[德] 叔本华

8. 名声是奋斗的结果，绝不是奋斗的目标。

——[美] 奥尔斯顿

9. 我们可以这样理解，名声不是衡量成就的可靠标准，而只是具有那种可能性：它不过是一种机遇，体现不出一个人的本质。

——[英] 托马斯 · 卡莱尔

◁ 第六章 ▷

Hawking

预言和外星探索

一个人如果身体有了残疾，绝不能让心灵也有残疾。

——[英]霍　金

霍金的预言

霍金曾在1991年1月剑桥大学的达尔文讲演中心，做过一个名为“宇宙的未来”的精彩讲演。他是这样说的：“在非常早的时代，预言未来是先知或者女巫的职责。这些通常是被毒药或火山隙溢出的气体弄得精神恍惚的女人。周围的牧师把她们的咒语翻译出来，而真正的技巧在于解释。古希腊的德尔菲的著名巫师以模棱两可而臭名昭著。当斯巴达人问，在波斯人攻击希腊人时会发生什么，这巫师回答：要么斯巴达会被消灭，要么其国王会被杀害。我想这些巫师盘算，如果这些最终都没有发生，则斯巴达人就会对阿波罗太阳神如此之感恩戴德，以至忽视其巫师做错预言的事实。”

接着，霍金又说了这样一段话：“当然，科学预言也许并不比那些巫师或者预言家的预言更可靠。人们只要想到天气预报就可以了。但是在某些情形下，我们认为可以做可靠的预言。宇宙在非常大的尺度下的未来，便是其中一个例子。”

霍金

在谈到宇宙的未来时，霍金说：“对于宇宙的未来其关键问题在于：平均密度是多少？如果它比临界值小，宇宙就将永远膨胀。但是如果它比临界值大，宇宙就会坍缩，而时间本身就会在大挤压处终结。然而，我比其他的末日预言者更占便宜。即使宇宙将要坍缩，我可以满怀信心地预言，它至少在100亿年内不会停止膨胀。我预料那时自己不会留在世上被证明是错的。”

在中年时，霍金对天体物理学的研究是完全依靠准确的科学数据和计算的，而且他是以大脑计算复杂的方程式而出名的。如今，霍金在研究什么呢？

进入老年的霍金，并没有淡出公众的视线，反而频繁接受记者的采访，甚至，有家网站采访他的时候，他竟然说出了让所有人都震惊的话：“人类在未来的数百年里必须认真考虑自己的生存问题。我看到了人类的危险，过去曾出现过多次人类的生存危机。发生类似情况的频率还会增加，我们需要十分谨慎地避免这类危机。但我是一个乐观主义者，如果人类在未来二百年间能成功向外太空扩张，那么我们就能避免灾难。”

当记者表示对这些话感到震惊的时候，霍金又抛出了独到的见解：“2010 年早些时候，我曾警告说，人类在努力与外太空其他生命形式建立联系时应当谨慎小心，因为我们不能确定他们是否会对人类表示友好。如果我们是这个星系中唯一的智能生命体，我们应该确保自己得以生存和延续。但面对地球的有限资源和呈指数形式增长的人口数量，我们长期生存的唯一机会不是留在地球，而是向外太空寻找出路。在过去的一百年里，我们的科学技术取得了卓越的成就，如果我们想延续进步，就不得不放眼外太空，这也是我大力支持载人航天飞机研究的原因。”

在采访结束的时候，霍金又说：“未来，人类可以做到驾驶宇宙飞船做时光旅行，从地球到银河系边缘的路程需要八十年，这样，人类就实现了殖民外太空的想法，在技术上是可能达到的。”

紧接着，霍金教授又公布了预言时间表：2050 年人类移民火星；2100 年人类进入外太空，新人种出现；2210 年地球面临毁灭；2600 年地球变成炽热的“火球”。

霍金的预言以及预言时间表在全世界引起震动和恐慌，有的人相信霍金的预言，有的人怀疑霍金的预言。有人直接指出，这是霍金教授没有新的理论研究，靠这样的预言来吸引公众的关注；有人认为，霍金是一位天体理论物理学家，他的预言只是一种说法，不能代表真正的科学……

霍金被称为继爱因斯坦之后最著名的科学思想家和最杰出的理论物理学家，他是当代最重要的广义相对论和宇宙论家，但是他的预言真的正确吗？他的预言科学含金量真的很高吗？

让我们看看发生在霍金身上的真实例子。在科学史上，霍金在黑洞研究方面曾经三次与其他科学家打赌，结果，他都不是赢家。1974年，霍金第一次打赌关于天鹅座X-1是否包含黑洞的问题，霍金输了；1991年，霍金第二次与索恩、普雷斯基尔打赌，那是关于裸奇点是否存在的问题，结果，这次霍金也输了；1997年，霍金又与普雷斯基尔打赌，关于黑洞是否会摧毁它们吞噬的一切信息，到了2004年，霍金当众说自己赌输了。

于是，这就让很多人猜测，这次，霍金向全世界发出的预言，是不是又是错误的？

2006年，霍金在香港讲演的时候，也发表了移居火星的观点，他说："如果人类可以在未来100年内避免彼此互相残杀，那么到太空常驻定居而不需仰赖地球提供支援就有可能实现，为了人类生存，扩大到太空是对人类来说很重要的事情。地球上的生命被一场灾难摧毁的风险日渐增加，例如突然恶化的全球暖化，核武战争，基因改造的病毒，甚至其他我们还不知道的危险。"

针对霍金的预言，中科院紫金山天文台科普部主任张旸指出，虽然全球气候出现异常，地质灾害频发，但就此认为地球即将终结是缺少科学依据的。同时，张旸还说："虽然科学家都在找寻类地星球和移居外太空的方法，但是否能在二百年内找到却不一定。因此如果人类不正视自己的错误，善待我们赖以生存的地球，那么霍金所说也就不是危言耸听了。"

谈到这里，读者应该明白了，霍金的预言其实是对人类的警示和忠告。霍金是一位科学家，但是，他绝对不是把自己关在屋内的书呆子，他在研究科学的同时，也在关注着社会问题，他提出的所谓的地球终结的说法，是对如今人类的生存方式表现出的忧虑。

霍金诞生在硝烟弥漫的战火中，儿时差点被炸身亡的经历，让他更加懂得和平的珍贵。他的预言，其实就是警示人类，不要为了自己的贪婪和私欲，毁灭了我们这个美丽的地球。这些年，成名后的霍金到世界各地讲演，在他的讲演中，多次提到导弹问题，提到政治争斗带给人类的苦难，提到没有限度的掠夺带给人类的杀伤性危害。霍金曾这样说过："由于人类基因中携带的'自私、贪婪'的遗传密码，人类对于地球的掠夺日盛，资源正在一点点耗尽。"

霍金曾说："人类不应该将所有的鸡蛋都放在一个篮子里或一个星球上。希望我们可以将篮子容量扩大后再将其扔掉。"有人说，这是霍金乐观的想法，未来科学发展水平提高了，在二百年内可以找到适合人类生存的外太空移居或类地星球。

自从地球上诞生了人类以来，地球就在不断地被开发，树木越来越少，荒漠越来越多。随着新能源、新技术的出现，高科技产品在带给人们便利生活的同时，也会对环境造成污染。更可怕的是，汽车越来越多，尾气排放越来越多，空气变得越来越污浊，不断在城市上空出现雾霾；再加上工厂不断排放的污水，导致江河湖海严重污染，很多国家出现了水资源的危机。

所以，与其惶恐叹息，不如从现在开始，爱护我们美丽的家园，我们就把霍金教授的预言当作对人类的警示吧！警钟长鸣，这样，我们才会珍惜现在，才能拥有将来，不要等失去了再去惋惜。

霍金"200 年内地球毁灭"的预言可能并不精确，但目前人类面对的可怕未来却不容怀疑。地球只有一个，人类及地球上的万物是需要在地球上不断繁衍生息的，即使想要脱离地球到其他适宜的星球上生存，也几乎是不可能的。所以，保护地球，珍惜地球，绝不能再当成一句空话，否则，人类很可能自取灭亡。

▶ 关于 UFO

这些年来，有外星人存在的说法在美国不断出现。美国人吉姆·马尔斯专门为之写了一本书，书名是《外星人已潜伏地球 5000 年》。我仔细看了这本书，这本书的内容可以说是很新颖，用一个又一个看似真实的案例告诉我们，地球上确实曾经潜伏过外星人。比如，在 5000 年前，举世闻名的埃及金字塔就是外星人在埃及建立的，更神奇的是，金字塔的甬道观测口还直指外星的基地天狼星。更离奇的是，在两次世界大战中，飞行员看到了不明飞行物，有人说，那是外星人在跟踪飞机。

在《外星人已潜伏地球5000年》这本书的作者自序里，作者写过这样一段话：“UFO确实存在！只有那些被其视野所限、无法正视历史的人仍在坚持：除了人类的想象外，并没有什么东西在太空中翱翔。但过去半个世纪以来，连篇累牍的证据清楚揭示了UFO代表着真实有形的物体，并且展示着不同于任何人造物体的特质。这导致越来越多的人对UFO着迷，全世界的UFO研究者和组织都在持续增长。对大多数人而言，UFO代表着应该被避免思考的一类事物。我们把思维埋藏在一个安全的、习以为常的世界里，这个世界拥有官方新闻和报纸。于是我们放宽了心，相信自己没有被隐瞒什么。”

自序里还这样写道：“在这层自我安慰之上的，还有那些政府专家通过媒体灌输给我们的常规思维。大多数人都屈服于巨大的压力，从不在公众场合说任何可能引发争辩的话，而那些敢说话的则被贴上疯子或谋求私利者的标签。”

在作者的自序里，还有一位名叫约翰的美国宇航员，他说：“如果你打赌没有UFO，那么你是在认为打赌一样真实的东西不存在。从数学的角度而言，宇宙中那么多星球不可能都不存在生命。”

接着，作者在自序里举例，很多博学的科学家都相信有UFO，并且发表过严肃的评论。德国有位教授曾写道：“我认为飞碟是真实存在的，它们是来自其他星系的宇宙飞船。我认为它们可能被高等智慧生命体所操纵，而地球已经被外星种族研究了数个世纪。”

作者在自序的结尾写道：“对于公众而言，UFO现象显得相当神秘，但这也是我撰写这本书的原因。在物理、历史、进化论、空间维度理论、时间及精神和物质的关系等领域，都有大量证据能证明UFO的存在。”

作者拿出了证据，还有500位目击者，还有外星人的图片和录像档案。在这些真相面前，很多人都相信了，外星人一直潜伏在你我身边。“你的邻居就是一位外星人。”这几年，美国的某些地方经常有人说发现过UFO的踪迹。甚至还说，如果人类想从事太空探索，必须先去找外星人商量，还要经过外星人的同意；地球上发生的战争都有外星人在插手，外星人还会绑架地球人，被绑架的地球人会出现记忆空白，也就是说，当绑架发生后，地球人会什么都不记得了。

如今，让科学家们感到惊讶的是，一向在研究理论物理学，靠着严谨的计算和理论来研究科学的霍金教授，居然也说有外星人，这就让很

多人感到迷惑了。

于是，很多人开始猜测：霍金教授这又是在引起媒体和公众的关注吗？他究竟是不是真的遇到了外星人？他究竟知道了什么真相？他是否真的和外星人有过亲密接触？如果霍金没有见到外星人，他怎么会忽然说出那样的话呢？

很多同行也在质疑霍金，普遍的说法都认为他是在哗众取宠。但是，科学就是科学，科幻就是科幻。我想起霍金教授的著作——《果壳中的宇宙》的第六章中在谈到外星人的问题时，他是这样写的："那么，如何解释我们没有地球外的来客呢？可能是在那里存在有先进的种族，它知悉我们的存在，但是让我们在低水平上自作自受。然而，如此照应低等的生命形式是令人可疑的：我们中的大多数人忧虑过在脚下被踩死多少昆虫或者蚯蚓吗？更合理的解释应该是，在其他行星上不管是生命的发展还是生命发展智慧的概率都非常小。因为我们宣称自己是智慧的，尽管也许没有什么根据，我们倾向于把智慧看成进化的不可避免的后果。然而，人们可以对此置疑。不清楚智慧是否具有更多的存活价值。细菌虽然没有智慧，但是存活得很好。如果我们所谓的智慧在一场核战争中毁灭自身的话，细菌仍然存活。这样在我们探索星系之际，我们也许发现初级生命，但是我们不太可能找到像我们的生物。"

仔细阅读这段文字，霍金教授对是否有外星人也产生了质疑，到底地球上有没有来过外星人呢？如果说有，恐怕很难让人相信；如果说没有，在美国，有很多人都在说他们亲眼看到了外星人，还有人说他们的确遭遇了外星人的恐吓和绑架。那么外星人来到地球究竟是真是假呢？这的确像一个谜。

1947 年的 6 月，在新墨西哥的酷热的沙漠，有六个土著印第安人看到了一个冒着烟的神秘金属物体，更神奇的是，他们还看到了一个活着的奇怪的生物。后来，军队的士兵把它带走，并且还同它进行了交谈。

20 世纪 50 年代初期的平安夜，在美国密西西比州杰克逊市郊区，有一个 9 岁的男孩失眠了，他趴在窗上，向外面看去。夜深了，外面很安静，忽然，一道亮光划破夜空，男孩以为是在空中飞行的飞机。可当男孩仔细琢磨的时候，却发现了一个问题：如果有飞机，周围必须有飞机场，可是，周围没有飞机场，怎么会有飞机呢？这时候，男孩的大脑中出现了"飞碟"这两个字，很快，他开始困倦了，就睡着了。男孩长大后，他一直记得这件事情，但是，没有人相信他的说法，也难以得到证实。

到了60年代，各种各样的人类与外星人接触的事情不断出现，但是，这些事情听上去更像是好莱坞拍摄的科幻电影。在美国的马萨诸塞州的一户居民的家里，有个叫贝蒂的女孩看到过奇怪的光，接着可怕的事情发生了：家里出现了四个奇怪的生物，他们的个子矮小，朝厨房的方向走去。后来，贝蒂被绑架到飞船上。在飞船上，那些奇怪的生物对她进行了身体的检查，在她的身体上做测试。

1977年11月10日，寒冬笼罩着新汉普希尔郡菲尔德市，冷风夹带着暴雪刚刚过去。在鸭塘中心，有一个男人发现了一个洞，那个洞的直径是3英寸。男人看到这个洞，脸上露出惊讶的表情，那显然是被空中落下的物体砸出的洞，他想来想去，还是想不明白，于是就报了警。

围绕这起事件，媒体给予了报道。最后，官方证实，在结冰的池塘上没发现可疑物体。后来，记者去男人的家中采访，男人的太太对记者说了一件奇怪的事情：她的丈夫在池塘底部看见一个黑色的东西，像是一个立方体，他还用木棍捅了捅，结果没有什么发现。此后，当地警察和当地的官员都警告他们不要到处乱说，然后，当地官员派人把池塘的水抽干了，拿走了那个立方体。

围绕这个神秘的立方体，很多媒体记者开始推测，这个东西到底是什么，如果只是普通的东西，为何警察和官员会如此紧张？有人说那是天空掉落的陨石，有人说是外星掉落的神秘碎片，还有的说是飞碟上掉落的东西……大家议论纷纷，一时之间，这成了好多人茶余饭后谈论的话题。

这些奇怪的物体和生物究竟是什么？这就像团迷雾笼罩了我们的视线，有人说，那可能是某些人的幻觉导致的。有四位美国宇航员曾经说，他们在到达月球之前就看到了UFO。这种情况却没有被官方证实，美国国家航空航天局的发言人说："所有我们发现的东西，都公开了。"

这些有具体时间，还有人证的所谓的外星人事件，一次又一次激起人类的探索欲望，那么，在地球之外，真的有神秘的外星人吗？那的确需要科学家们去破解这些谜团。

2015年7月22日，报纸上刊登了一个消息，题目为"霍金启动搜寻外星生命行动，将长达十年，花费一亿美金"。这个项目的名称为"突破聆听”，由俄罗斯硅谷的一位科学家资助一亿美金，通过扫描宇宙的方式，进行搜寻外星人的工作，因为有霍金的参与，所以成了人类历史上最权威、最深入的科学搜索，主要目的是看在地球外面是否存在生命。这次搜寻通过光学技术和无线电，搜索范围是整个银河系和附近 100 个星系。

每个读者都期待着这次星系搜索能够真的搞清楚外星人是不是真的存在这件事。对于霍金来说，解开外星人的秘密就能为公众上一堂更生动的天体物理学的课程。我想说的是，宇宙不是私人的秘密花园，希望有一天科学能揭开外星人的神秘面纱，还公众一片晴朗的天空。

“2010 年早些时候，我曾警告说，人类在努力与外太空其他生命形式建立联系时应当谨慎小心，因为我们不能确定他们是否会对人类表示友好。如果我们是这个星系中唯一的智能生命体，我们应该确保自己得以生存和延续。但面对地球的有限资源和呈指数形式增长的人口数量，我们长期生存的唯一机会不是留在地球，而是向外太空寻找出路。在过去的一百年里，我们的科学技术取得了卓越的成就，如果我们想延续进步，就不得不放眼外太空。这也是我大力支持载人航天飞行研究的原因。”

霍金最后指出，人类有望驾驶宇宙飞船做时光旅行，届时从地球到银河系边缘的漫长路程仅需八十年，这给人类殖民外太空带来了技术上的可能。另外，霍金多次警告说，外星人可能会为资源入侵地球。

对于霍金的“外星人威胁论”，有不少专家表示了质疑。他们从外星人的智慧与科技，甚至是人类自身对外星人的心理作用来说明外星人对地球人并不构成威胁。中国语言学家、数学家周海中表示，如果外星人能来到地球，说明它们的文明程度远远超过我们人类。文明程度越高，暴力倾向的可能性就越低。他认为，担心外星人的威胁是完全没有必要的，因为只要是高智慧生命体，它们的理智决定着它们必须有分寸地对待其他智慧生命体。外星人与地球人将来是能够和平共处、友好合作和共同发展的。

霍金教授曾经对媒体说过一句话，让很多人都误以为他是被好莱坞大片洗脑后出现了幻觉，他说：“不要和外星人说话。”霍金这句话公开后，很多科学家都感到不可思议，不过，一向坚持自己观点的霍金给自己打了个比喻——美洲人得自己出发去找哥伦布才行。

提到外星人，很多人都会想到那些眼花缭乱的美国科幻电影。但是，科幻毕竟是幻想，一位研究天体物理学的著名教授突然告诉大家：除了地球上的人类以外，在外太空还有外星人，这绝对会让很多人相信是真的。

▶ 人类四十年内殖民火星

英国知名物理学家霍金2006年6月13日表示，人类的生存系于在太空中找到新的居住地，因为地球毁于一场大灾难的可能性越来越高，他预言，人类40年后就能进驻火星。

霍金说，人类可能在20年内在月球常驻，并在40年内殖民火星。他说，向太空开发新的生存空间是维系人类继续存在的关键，因为地球毁灭的风险越来越高。“除非我们另寻新的恒星系统，否则无法找到一个像地球一样好的地方。”

霍金访问香港时发表演讲说，如果人类可以在未来100年内避免彼此互相残杀，那么到太空常驻定居而不需仰赖地球提供资源就有可能实现。“为了人类生存，扩大到太空是对人类来说很重要的事情。地球上的生命被一场灾难摧毁的风险日渐增加，例如突然恶化的全球暖化，核武战争，基因改造的病毒，甚至其他我们还不知道的危险。”

在印度孟买参加学术研讨会的著名物理学家斯蒂芬·霍金向参加这次会议的3000多位学者表示，人类将在100年之内登陆太阳系中的其他星球，并以此为踏板进入外太空。

美国麻省理工（MIT）的物理学教授葛斯认为，如果以100年这样长期的时间来看，霍金的话确实有道理，但是“我不认为50年内科学技术会进步到，在火星和月球上生存会比在地球上还容易。”他说，在极地建立一个地下基地都会比殖民月球还容易。另一名MIT的天文物理学家伟恩也认同葛斯的看法：“殖民其他星球还遥不可及，这一点你必须体认到。”他们认为，霍金的研究工作都是非常理论性，而非全球政治，他今日所言有点超出他的研究范畴了。霍金现为英国剑桥大学的荣誉教授，称得上是英国著名物理学家牛顿的“接班人”。他在会上表示，

由于未来将可以进行太空旅行，因此人类必须努力提高身体和心理素质，以更好地适应未来生活的需要。霍金说：“尽管我并不赞成进行人类基因遗传工程的研究，但无论我们是持欢迎还是反对的态度，将来肯定会出现一种新的人种。事实上，如果人类在未来 100 年之内没有进行自我毁灭，那么我预计我们将移居太阳系其他星球上生活。”

霍金还表示，他不认为目前太阳系中其他星球上生活着更先进的物种，因为“如果真是这样，那么他们为什么没有移居到地球上来拜访我们？”另外，霍金表示：“即使存在这种先进的物种，他们也不会任由比其低级的人类在地球上自由自在地生活而不想着侵占我们的地盘。”

▶ 基因工程和“弦论”

全身瘫痪、靠着电脑合成发声与外界沟通的世界知名物理学家霍金大胆预言，人类不但会于未来 100 年内在其他星球建立新的生存基地，而且还会在此后的一个百年内或更早些，利用基因科技改良现有人种。霍金以“未来的科学”为题，在印度孟买对 3000 名听众发表演说时表示，不管人类喜欢与否，未来必定会有人在某处设计出改良品种的人类。作为具备宏阔视野的科技大师，霍金在演说中还预言，人类在未来数百年内，将会在子宫以外的地方培育胚胎。他又预言，人类会把触角伸向太阳系，扩展到其他星球。

霍金表示，地球人类的 DNA 将会以极快速度变得更加复杂。地球人研发改良人种虽会造成许多问题，但也会促成人们的彼此接受与了解。他说，虽然许多人主张禁止基因工程，但却又出于经济考虑，允许科学家将这类科技应用于动、植物身上。

霍金在孟买参加名为“2001 年弦论”的科学研讨会上说，所谓“弦论”，是指宇宙物质已知是由电子等极小粒子组成，但因受限于人类物理实验有限的精密度，实际上并无方法确定这些粒子真的是无限小的点。因此有人假设这些粒子其实是极小的弦（曲线），然后试着由此描述基本物理定律。目前弦论是唯一可能解释一切已知物理现象的理论，因此又称为“全能理论”。该理论虽仍在发展中，也还没有任何实验证据，但它是目前基础物理研究的主题之一，吸引着许多理论物理学家的投入。

霍金和部分科学家认为，一旦弦论获得科学证实，将可为宇宙形成和发展过程中的种种理论冲突提供答案。他说，如果其他恒星系早已有生命发展，人类在现阶段并没有机会去发现这些生命。不过人类在探索银河系的过程中，迟早可能会发现和人类不同的原始生命。

不过霍金认为，其他星球不太可能已有比人类更先进的生命形式。因为如果有的话，他质疑这些先进生命为何还无法彻底探索银河系，尚未到地球造访人类。

霍金主张人口增长应该减缓。他说，到了公元 2600 年，地球将会面临人无立足之地的处境，而电力的消耗也会让整个地球变得“火热”。

十万年前，莫纳罗亚火山的部分山体从夏威夷岛断裂并沉入太平洋，掀起的海浪与埃菲尔铁塔等高，淹没了附近的岛屿。那样的巨型海啸并不是一起孤立的事件：过去 4 万年间，仅在北大西洋就发生过至少 10 起规模超过 100 立方千米的大型山崩，每次都有能力制造 10 到 100 米高的海浪。这样的海啸注定还会发生，只是发生在明天还是一万年以后，谁也说不准。

世界经济论坛曾发布报告说，那些低可能性、高危害性的威胁，很多时候都是由人类活动引起的。然而自然同样拥有难以预测的威慑力。地质记录记载了从小行星撞击、超级火山爆发到伽马射线暴等小概率事件的证据。

摧毁地球的几种预测：

1. 超级火山爆发

有研究预测，在未来 460~7200 年之内，有 1% 的几率会发生超级火山喷发。

2. 生化危机

病毒和细菌的名声更响亮，其实真菌才是地球生物的最大杀手。据调查，真菌类造成了 70% 的全球性和地区性灭绝事件，而且现在正威胁着两栖动物、蝙蝠和蜂类。19 世纪 40 年代，爱尔兰土豆大饥荒显示了这种病原体有多大的破坏性。当时，致病霉菌（一种结构上与真菌类似，且时常归于真菌类有机体）消灭了爱尔兰多达 3/4 的土豆作物，导致 100 万人饿死。

科学家估计，全球有 150 万到 500 万种真菌，而只有 10 万种是已知的。自 1995 年，新型的植物及动物真菌感染报告数上升了十倍。古尔指出，气候变化或许是一个罪魁祸首。就像当年的非典，也给我们带来了极大的威胁和恐慌。再比如离我们最近的禽流感，死亡和威胁就在我们身边。

3. 来自太空的灾难

太空对地球有着很多威胁。太阳时常爆发太阳耀斑，能在电缆里产生强电流而烧坏电力网络。最近的一次超级太阳风暴发生在 1859 年，它居然能点燃电报机。

另外的大规模灾难就是大型彗星或者小行星的撞击。6500 万年前，一颗直径 10 千米的小行星撞击地球，引发了白垩纪末期的生物大灭绝事件；直径 2 千米大小的陨石就有能力造成局部范围内的生物灭绝，历史上每百万年就会来一两次。天文学家正努力寻找并追踪地球附近的小行星，科学家也在研究如何躲过任何真正可能出现的威胁。

比天体碰撞几率更小，却更加危险且无法躲避的，是来自近距离伽马射线暴的辐射冲击波。这类来自太空的辐射，最可怕的就是“短而强”的伽马射线暴，它们是由两个黑洞或两颗中子星或者两者都有的剧烈融合引起的。如果此类伽马射线暴在 200 秒差距（1 秒差距 =3.2616 光年，不到银河系直径的 1%）以内的距离上直射地球，其高能辐射能使臭氧层消失 30%，十年都无法恢复，让地球遭遇毁灭性打击。这样的事件（估计大概每 3 亿年发生一次）会使达到地面的紫外线辐射量翻番，杀死浮游植物，而浮游植物是构成海洋食物链的基础。

▶ 霍金对人类未来充满担忧

玛雅人预言 2012 世界末日，而著名物理学家史蒂芬·霍金在接受媒体采访时，再爆惊人言论，称地球将在 200 年内毁灭。“人类生存的唯一机会就是搬离地球，到别的星球上居住。”霍金在接受访问时悲观地说，人类要想在接下来的几百年存活下去，可得“小心度过”。他说自己发现人类有极大的危险，1962 年的古巴导弹危机就是其中的一个例子。“发生这种情况的频率在未来可能会不断升高，我们应该谨慎判断，成功解决这些问题。”但霍金表示，自己是“乐观主义者”，“如果我们想在接下来的 200 年内避免灾难发生，人类应该安全地移民到外星球”。

“如果我们人类是银河系中唯一具有高等智慧的生物，就应该确保自己能够永远生存。”霍金此前还曾发出警告说，人类不要和外星人接触，因为无法确定他们是否友善，是否会入侵地球。

关于人类的未来与星际移民他曾经提到：“在这样一个政治、社会和环境方面充斥着混乱的世界，人类将如何在未来 100 年内幸存？”他说：“我不知道这个问题的答案，这也是我为何将它提出来，希望人们能去思考它，并意识到我们面临的风险。”

霍金一直认为大国间误判导致的全面核战争，或者某种超级疾病的爆发，甚至太空撞击等，都有可能毁灭人类。因此，霍金是太空技术的积极支持者。在霍金看来，避免人类作为一个物种被灭亡的唯一应对方案就是“鸡蛋不能放进一个篮子里”——我们必须变成多行星物种，扩散到各个星球上，从而确保一次灾难不会造成人类的完全灭绝。

关于人工智能和外星人霍金的观点：霍金对于人工智能（AI）的发展并不持有乐观观点，甚至提出了这样的观点：人工智能是我们人类文明曾经发展出的“最坏”的东西。霍金在一次演讲中再次提出警告：“创造出具有自我意识的 AI，将是人类文明发展史上最大的事件，或许也是最坏的事件。我们不确定 AI 的发展最终将给我们带来帮助，还是会将我们边缘化，甚至将我们摧毁。”他说：“除非我们对此做好准备来避免这些危险。AI 会带来危险，会给我们的经济带来巨大混乱。”

当今，人工智能机器人“索菲亚”已经成为世界上第一个拥有公民身份的机器人，霍金对人工智能技术的发展充满担忧。在一场采访节目中，英国主持人约翰·奥利弗（John Oliver）曾经问霍金：“如果真的诞生了具有自我意识的超级人工智能，我们问它，世界上有没有上帝呢？你猜它会如何回答？”霍金说：“我想它会回答说：现在有了。”

英国著名物理学家斯蒂芬·霍金在腾讯 WE 大会预言称，人类将在 2600 年灭绝，我们需要重新寻找新的家园。霍金表示，随着地球人口不断地增长，能源消耗将会越来越大，最后地球将变成一个熊熊燃烧的大火球。

“中国天眼”对全世界科学家开放，帮助人类聆听更多来自遥远星球的声音，洞察宇宙的奥秘。但霍金不久却在某所大学发表了一篇演讲，演讲内容提到了“中国天眼”的问题。

早在几年之前人类在忙于探索外星生命时霍金就曾说过：“如果外星人真的有朝一日到访地球的话，我想结果和哥伦布到达美洲大陆时的情景差不多，那对美洲的土著居民可不是什么好事。”让我们设想一下，当初哥伦布带领了一大队人马登陆了巴哈马群岛，登岛后他所看到的是一片荒芜和一些手无缚鸡之力的土著居民，自此，邪恶的想法从他的脑海里诞生了。

由于当时哥伦布得到了西班牙王室的支持，他手中的武器多是更为高端的利器，而当地居民一生从未经历过战争，更无威慑力可言。就这样他怀着当地土著居民天生“价值”较低的无耻想法，开始了荒淫暴力的掠夺和杀戮。

如果我们换位思考，我们是当地一些科技落后的土著居民，而外星人就是带着皇家的使命和支持来开发殖民地的哥伦布，他们也会像哥伦布一样，为非作歹无恶不作。

而人类一旦发现外星人，这也意味着外星人同时发现了我们，我们和外星人可能在未来要在同一个宇宙大世界中竞争抢夺资源，而仅仅以人类目前的实力，你觉得会有胜算吗？

霍金认为，在未来15~20年内，太阳将会进入到休眠状态，而太阳的变化，将对地球造成毁灭性的影响，地球会在数十年内迎来世界末日，到时候，只有少数人能够逃离地球，但是终究逃不出太阳系；地球将会在2032年受到小行星撞击，这次撞击很可能引发世界末日，人类将在2032年毁灭！霍金称这次的小行星的威力是地球上曾经发生过的小行星撞击地球威力的100倍，相当于3000多颗核弹同时爆炸的威力！

霍金对未来的四个新的预言是：2050年人类将移民火星、2100年人类进入外太空新人种出现、2200年地球面临毁灭、2600年地球变成炽热的“火球”！

预言能否实现，我们暂且看2050年人类能不能搬到火星上居住吧！

名人名言·励志

1. 好名声比巨额财富更珍贵。

——［西班牙］塞万提斯

2. 真正的名声是死后方得的名声。

——［德］叔本华

3. 名气似乎跟太阳一样，远远看去，火一样热，发出耀眼的光芒；当你靠近它的时候，却和阿尔卑斯山的高山牧场顶端一样寒气逼人。

——［法］巴尔扎克

4. 我的生命是短暂的，然而我的名声却是不朽的。

——［古希腊］荷马

5. 对于那些赢得不朽名声的人来说，生命并没有消逝。

——［英］埃德蒙·斯宾塞

6. 名声像一颗陨星，除了几个卓越的和不可战胜的名字之外，闪耀一下，就永远消逝了。

——［英］塞缪尔·约翰逊

7. 一个有才干的人，越是在远处有名声，到了近处就越令人失望；别人越是把他想得光芒四射，相见之下，他就越显得黯然失色。

——［法］巴尔扎克

8. 财富就像海水，饮得越多，渴得越厉害；名望实际上也是如此。

——［德］叔本华

9. 无论谁想获得自尊的名声，都应该隐藏起他的自负。

——［英］斯威夫特